LA

FAMILLE TILBURY.

II.

LA FAMILLE TILBURY,

OU LA CAVERNE DE WOKEY;

PAR

Mme LA COMTESSE DE MALARME,

NÉE DE BOURNON,

DE L'ACADÉMIE DES ARCADES DE ROME.

TOME SECOND.

PARIS,

CHEZ CRETTÉ, LIBRAIRE,

RUE SAINT-MARTIN, N° 94.

1816.

LA
FAMILLE TILBURY.

CHAPITRE PREMIER.

L'ÉPOQUE qui semblait devoir amener la joie et le bonheur à Shelter-House fut précisément le signal d'une tristesse générale. Maîtres et valets paraissaient livrés à une douleur concentrée ; Théodosia, d'un caractère assez gai, n'était plus là pour distraire et amuser par ses agréables saillies : on était, il est vrai, accoutumé à l'air sombre d'Adolphina. Cependant, pour satisfaire sa sœur, elle se livrait quelquefois, du moins en apparence, au plaisir que peut procurer une société aimable. Rendue à ses douloureuses réflexions, le sourire n'approchait plus de ses lèvres. A table, dans le salon, à la promenade, on la voyait toujours pensive, sans pourtant cesser d'être affable et bonne. George qui, depuis sa liaison avec lord John Cramburn, avait perdu toutes ses mauvaises habitudes, et était devenu un homme aimable, sincèrement attaché à ses sœurs, s'affligeait de les voir l'une et l'autre dans une route opposée à celle qui conduit au bonheur. La tristesse d'Adolphina et le choix qu'avait fait Théodosia étaient le sujet de douloureuses réflexions pour lui. Entièrement dévoué à milord Cramburn, il était presque toujours à Little-Hill, espérant que son amitié pourrait aider son ami à supporter le chagrin que lui avait fait éprouver le mariage de Théodosia ; c'était une tâche difficile, car le jeune lord, n'étant pas d'un caractère léger, devait tenir à une inclination fondée sur les vertus de son objet. Les visites de milord à Shelter-House étaient extrêmement rares, et il n'allait jamais à Romantic-Lodge. Le seul Alfred paraissait jouir du malheur des autres ; nul changement dans ses manières, peut-être même y découvrait-on plus de liant et de douceur : ce qui contrastait avec son regard, que tout l'art possible ne pouvait empêcher d'être faux. J'ai dit qu'il était le seul, parce que l'humeur de miss Tilbury n'était plus la même. A la place de l'espèce d'aménité qu'elle mettait toujours en adressant la parole à Worm, on remarquait de l'aigreur, souvent même accompagnée de mordans sarcasmes. Les anciennes habitudes n'étaient point interrompues ; mais comme la santé d'Adolphina était restée chancelante, elle se retirait presque toujours dans sa chambre en quittant la table. Alors Esther et Alfred étaient seuls ; et, au lieu de faire la lecture comme autrefois, on les entendait sans cesse se quereller.

Une jeune fille attachée au service d'Adolphina, d'un naturel très-curieux, brûlait d'envie de connaître le sujet de disputes aussi fréquentes. Écouter était une vilaine action, mais résister à un désir aussi vif lui sembla au-dessus de ses forces. L'occasion, l'ennemie des gens faibles, la décida ; elle pouvait, sans être aperçue, se glisser dans un cabinet séparé du petit salon d'Esther par une cloison très-mince : elle ne résista pas à la tentation. Prenant ses souliers d'une main, elle ouvre la porte de l'autre, puis s'approche, en tremblant, de la cloison : tout occupée de son objet, elle craint moins la punition qui

suivrait la découverte de son indiscrétion, que d'être privée du plaisir d'apprendre ce qu'elle désire ardemment
de savoir. Les interlocuteurs gardaient
le silence ; elle croit que ce qu'elle a
pensé être une cloison est un gros mur
trop épais pour que l'on puisse entendre ce qui se dit de l'autre côté : impatiente de s'être inutilement exposée à
se faire renvoyer, elle allait quitter la
place, quand elle distingua parfaitement la voix de miss Tilbury commencer le dialogue suivant. — Ne craignez-vous pas, Alfred, de m'inspirer
des soupçons par votre inexplicable
conduite ? — Vous me paraissez avoir
beaucoup d'humeur aujourd'hui ; c'est
une mauvaise disposition pour parler
d'affaires : ainsi, ma chère Esther, re-
mettons à un autre jour à traiter un
sujet aussi délicat. — Plus de délai,

M. Worm; il n'y a que trop long-temps
que vous cherchez à éluder l'accom-
plissement de votre promesse ; sans
cesse vous m'opposez des obstacles,
quand tous les avantages que vous trouvez dans un établissement, que raison-
nablement vous n'auriez jamais dû es-
pérer, devraient vous engager à sur-
monter même les plus difficiles. — Je
connais toute l'étendue de mon bonheur ; vos doutes à ce sujet, adorable
amie, seraient une injure faite non-
seulement à mes sentimens, mais, en
outre, à vos charmes : n'êtes-vous pas
la plus belle de votre sexe, comme je
suis le plus amoureux des hommes ? —
S'il en est ainsi, qui empêche qu'une
union qui doit assurer notre mutuelle
félicité ne se termine au plus tôt ? —
Faut-il que vous me forciez à vous entretenir d'un sujet qui coûte à ma dé-

licatesse ? Ne vous en prenez qu'à vous,
Esther, si je vous rappelle que le testa-
ment de votre frère ne vous assigne que
400 livres sterlings de revenu viager :
cette faible somme ne pouvant être suf-
fisante pour soutenir l'état auquel vous
êtes accoutumée, il ne faut pas m'ôter
les moyens de contribuer à son aug-
mentation. Vous savez que l'oncle de
qui j'attends une jolie fortune est fort
âgé, et ne peut vivre encore long-
temps ; mais ce que vous ignorez,
parce que j'ai cru devoir vous le cacher, c'est que ce vieillard, lors de
mon voyage à Londres, voulait me
faire épouser la fille de l'alderman Hair-
less, jeune et jolie personne, qui doit
apporter en dot à son mari 20,000 liv.
sterlings. Mon refus ayant été motivé
sur le peu de goût que je me sentais
pour le mariage, mon oncle m'a posi-
tivement notifié que je ne toucherais

pas un penney * de son héritage, si j'unissais mon sort à celui d'une autre femme que la fille de son ami. Jusqu'à présent, ma chère Esther, j'ai cherché, par des détours, à vous engager à remettre un hymen qui est l'objet de tous mes vœux. Il fallait une raison aussi forte que celle de détruire vos injurieux soupçons, pour que je me décidasse à vous avouer les intentions de mon oncle.

—Vous avez eu tort, Alfred, de n'être pas sincère avec moi, d'autant plus que, dans tout ceci, je ne vois que des raisons de vous aimer davantage. Le sacrifice que vous me faites ajoute la reconnaissance à mes autres sentimens.

—Vous ne me devez point de reconnaissance : mon bonheur étant attaché à votre possession, il ne m'aurait pas été possible d'agir autrement que je l'ai

* Un sou.

fait. Ma main ne doit être qu'à celle à qui j'ai donné mon cœur, et il y a long-temps que vous avez agréé l'hommage de ce dernier. — Je le sais : c'est un échange que nous avons fait. Hé bien, puisque la raison l'ordonne, il faut bien se soumettre ; cependant si la majorité d'Adolphina arrive avant la mort de votre parent, l'inconvénient que vous redoutez aura lieu ; car l'entêtement de cette fille me prive de 100 pièces de revenu : sans doute Francis n'eût pas hésité à suivre l'exemple de son père. Le jour de son mariage, sir Joseph m'a assuré une pension de 100 livres, me promettant d'exiger que son fils l'imiterait en recevant la main de ma nièce. — J'ignorais cet arrangement. — Je m'étais réservé de vous en faire part avant de nous rendre à l'autel. Dites-moi, Worm, concevez-vous rien à la conduite de mes nièces ?

La cadette se sacrifie pour faire le bonheur de sa sœur, dont l'inclination pour
Francis était généralement connue, et
celle-ci refuse, avec obstination, son
consentement. — Que peut-on présumer? sinon qu'Adolphina n'aime pas le
jeune Lovering : peut-être aussi s'est-
elle attachée à un autre. — Je ne le
crois pas; au reste, que nous importe?
— Certes, j'y prends très-peu d'intérêt.
— En diriez-vous autant de toutes les
filles des environs?—Vous allez encore
me chercher querelle. — Il m'est permis, je pense, d'exiger que mon pré-
tendu me soit fidèle. — Croyez-vous
donc qu'il me serait possible d'aimer
une autre que l'adorable Esther?—Je
suis modeste, et je crains…..—Ne craignez jamais qu'Alfred cesse de vous
chérir.—Combien il est facile de persuader, quand on trouve tant de plaisir
à croire à la sincérité! Un mouvement,

que fit Worm, avertit Josepha qu'il était temps de se retirer. La voilà enfin instruite d'un secret ignoré de tout le monde ; mais ce sera pour elle un nouveau tourment si elle est forcée de garder le silence. Satisfaire la curiosité procure sans doute une sorte de bonheur, pourvu qu'on puisse faire part de ses découvertes. Josepha voudrait bien faire confidence de ce qu'elle sait ; cependant elle appréhende de rencontrer des indiscrets. Aisément on irait à la source, et il faudrait dire comment elle s'est trouvée en possession d'un mystère qu'il importe de tenir caché. Après y avoir long temps pensé, elle se décide à en parler à sa maîtresse seulement : sans perdre de temps, elle va trouver Adolphina, et lui rend exactement le dialogue qu'elle a entendu. Sa jeune maîtresse la gronde du moyen répréhensible dont elle a fait usage ;

néanmoins Adolphina n'est pas fâchée de savoir qu'Alfred laisse croire à sa tante qu'il est dans l'intention de l'épouser; elle défend à Josepha de parler à personne de ce qu'elle a entendu. La jeune fille le lui promet; et, ce qui est infiniment mieux, elle observa religieusement sa promesse.

CHAPITRE II.

—

Malgré la tristesse des uns, l'humeur des autres et l'impatience du plus grand nombre, le temps, exact observateur d'une marche régulière, faisait succéder les jours, les semaines, les mois et les années. La majorité d'Adolphina approchait : à la vérité, il s'était passé beaucoup d'événemens dans l'espace de quatre ans. Sir Joseph ne prit pas la peine de déguiser long-temps son affreux caractère à sa douce moitié, et bientôt Théodosia acquit la certitude que son sacrifice était plus grand qu'elle ne l'avait cru. Le baronnet, n'ayant plus besoin de dissimuler, se montra tel qu'il était, c'est-à-dire,

I.   2.

l'homme du monde le plus redoutable. Il eût été difficile d'énumérer ses vices. Hélas! on ne pouvait leur opposer une seule vertu. Accoutumé à vouloir paraître le contraire de ce qu'il était, toutes ses actions étaient prévues, et ses paroles étudiées. Les gens qui vivaient habituellement avec lui, surtout ceux qui en dépendaient, auraient pu arracher l'épais manteau dont il s'enveloppait; mais on le craignait tellement que personne n'osait divulguer la vérité. Parmi ses défauts les plus remarquables, je citerai la jalousie, non pas seulement ce sentiment qui naît souvent de la défiance de son mérite, et qui devient alors un excès de modestie, mais la jalousie dans toutes ses acceptions. Il était jaloux de la prospérité des autres. Furieux de se voir vieillir, il ne supportait qu'avec peine la présence des jeunes gens. La

pauvre Théodosia faite, par les charmes de son esprit et de sa personne,
pour attirer les regards, fut forcée de
fuir le monde. Il lui en coûta peu de
se priver de la société, où rien ne pouvait l'intéresser; mais ce fut vainement
qu'elle espéra obtenir la tranquillité.
La plus légère circonstance servait à
irriter un homme qui cherchait continuellement des torts factices à ceux à
qui il ne pouvait en trouver de réels.
Tant qu'il crut nécessaire de se montrer d'une manière favorable, il parut
généreux, libéral, bienfaisant et rempli d'humanité : n'ayant plus rien à
obtenir, par conséquent personne à
tromper, Théodosia vit disparaître les
qualités qui rendent celui qui les possède digne de l'estime générale ; elles
furent remplacées par l'avarice la plus
hideuse. Toutes dépenses qui n'étaient
pas strictement nécessaires furent sup

primées. On défendit à tous les gens d'accueillir avec bonté aucun indigent à Romantic - Lodge. Cet ordre fut donné en présence de lady Lovering ; et un regard jeté sur elle lui assura qu'elle n'était point exempte de l'obéissance qu'il exigeait. Dès qu'ils furent seuls, Théodosia lui fit observer, avec beaucoup de douceur, que sa dot lui ayant été laissée, par leur contrat de mariage, pour disposer de son revenu à sa volonté, elle pensait qu'il lui était permis d'en user pour secourir les infortunés. — Je ne m'y oppose pas ; mais je vous préviens qu'ayant compté, comme je le devais, que vous emploîriez votre fortune à défrayer la maison, j'ai disposé de la totalité de mes revenus : ainsi il faudra restreindre le nombre de gens, et s'interdire toute espèce de communication avec nos voisins, afin de n'être jamais

dans le cas de les prier à dîner. Théodosia souscrivit sans peine à cette condition, exceptant cependant Adolphina du nombre des proscrits. — Elle
y doit être comprise, ses visites étant
plus fréquentes. — Ainsi je n'aurai
pas même la satisfaction de recevoir
mes parens. — Vous aurez la liberté
de les voir si, ainsi que toutes les
épouses font et doivent faire, vous ne
prétendez pas que toutes les charges
pèsent uniquement sur votre mari. Il
fallut bien condescendre à une volonté aussi impérieusement énoncée.
Néanmoins, lady Lovering mit tant
d'ordre et d'économie dans le gouvernement du ménage, qu'elle trouva le
moyen d'aider, sur ses épargnes, les
plus malheureux habitans des environs.

George allait assez souvent à Romantic - Lodge : milord Cramburn
l'accompagnait presque toujours; mais

il n'entrait jamais au château, et passait le temps que son ami donnait à sa visite à se promener autour des murs du parc; quelquefois George amenait sa sœur à peu de distance d'un interstice, afin que son malheureux ami eût la légère satisfaction d'apercevoir et de saluer milady Lovering. Par un hasard fâcheux, plusieurs fois sir Joseph fut témoin de ces espèces de rencontres : s'il n'eût pas été l'homme du monde le plus soupçonneux, rien ne lui aurait paru plus simple; mais son esprit diabolique voulut y voir de coupables rendez-vous. Le méchant semble se complaire à trouver des occasions d'exercer sa malveillance. A l'affût de tout ce qui pouvait confirmer ses soupçons, il passait une partie des matinées à guetter l'arrivée de George; et, dès qu'il paraissait, il courait se mettre en embuscade der-

rière un buisson de lilas, à une portée de fusil d'une percée. Il fallait que
le temps fût bien mauvais pour que
Théodosia refusât à son frère de faire
une promenade avec lui. Ainsi sir
Joseph put répéter souvent ses perfides observations. Néanmoins le jaloux
ne pouvait, à moins d'afficher une
sorte de démence, murmurer haute-
ment d'une chose qui paraîtrait aux
yeux des autres l'action du monde la
moins répréhensible. Une révérence
se fait même à un inconnu ; comment
Théodosia aurait elle eu l'idée de la
refuser à un homme qu'elle avait beaucoup vu à Shelter-House, et qui était
l'ami de son frère ? Par un excès de
zèle peut - être blâmable, George,
pour servir John, s'approcha un jour
de l'interstice, et adressa la parole au
jeune lord qui était de l'autre côté.
Lord John se mit tout près de l'ou-

verture pour répondre, puis s'informa
de la santé de milady. Une légère
conversation s'engagea ; on n'y traita
que de lieux communs. George se
permit quelques plaisanteries qui firent sourire Théodosia : la figure de
John s'anima ; ses yeux, privés depuis si long-temps du plaisir de con-
templer la femme qu'il adorait, prirent une expression de tendresse. Une
demi-heure s'écoula ; milady regarde
à sa montre : elle craint que son
époux ne trouve sa promenade trop
longue ; elle dit adieu à John, le salue
et prend le bras de son frère pour rentrer. Le baronnet était trop loin de la
scène pour entendre, mais il n'avait
pas perdu un mouvement des yeux,
un geste ; et sa frénétique jalousie lui
fit voir, dans le sourire de sa femme
et la douceur du regard de milord
Cramburn, une coupable intelligence.

George n'est même pas à l'abri de ses odieux soupçons, et il le considère comme étant complice de l'adultère que sa sœur projette, en supposant que le crime ne soit pas encore consommé. C'est avec ses abominables pensées que le baronnet se présente devant Théodosia. Son frère l'avait quitté à la porte, pour aller rejoindre son ami. L'air sombre et farouche de sir Joseph porta la terreur dans l'âme de milady Lovering : il l'avait accoutumée depuis long-temps à ne trouver en lui qu'un maître sévère et exigeant ; mais sa figure avait, de plus qu'à l'ordinaire, une expression de férocité qui la fit trembler. — Votre frère, lui dit-il, peut se dispenser de revenir ici ; il n'y sera jamais reçu. Quant à vous, madame, je vous défends toute espèce de promenade, excepté avec moi. — Il m'est au moins permis de demander l'explication des motifs qui peuvent vous suggérer des ordres aussi barbares ? — Interrogez votre conscience, et vous serez étonnée de leur modération. Avant que l'infortunée fût revenue de la stupeur où l'avait jetée une accusation aussi mal fondée qu'elle était injurieuse, sir Joseph avait quitté le salon : elle se leva précipitamment pour le rappeler, et exiger de lui une explication ; mais la conviction intime de son innocence et une noble fierté arrêtèrent son premier mouvement. C'est s'abaisser , pensa - t - elle , que de vouloir se justifier lorsqu'on n'a rien à se reprocher ; je puis supporter les injustices, mais je ne compromettrai jamais ma dignité : le silence du mépris sera désormais la seule arme dont j'userai pour repousser la calomnie. Voulant éviter à George l'humiliation de trouver la porte de sa sœur fermée, elle lui écrivit pour lui communiquer les raisons qui la forçaient à le prier de ne pas venir à Romantic - Lodge. Cette lettre fut imbibée de ses pleurs. Hélas ! elle craignait que bientôt l'affreuse proscrisption ne s'étendît jusqu'à sa sœur, la seule amie qu'elle eût au monde. Que l'on se peigne la situation de cette jeune femme, et une larme de compassion coulera sur son sort. Destinée, en apparence, à jouir de tous les biens accordés à la vertu ; belle, spirituelle, d'une naissance dont elle pouvait s'enorgueillir, assez de fortune pour vivre dans l'aisance ; tant de faveurs qui lui étaient accordées par la nature, ne servent qu'à lui faire sentir plus vivement les chagrins dont elle est accablée. Hélas ! tous ses malheurs prennent leur source dans une action qui devrait lui élever des autels dans

tous les cœurs sensibles. Le sacrifice
de toute félicité ne lui aurait pas arra-
ché un regret, s'il eût pu remplir le
but qu'elle se proposait en le faisant.
Le bonheur de sa sœur en aurait été
la récompense ; mais une aussi grande
satisfaction ne lui était pas réservée.
Elle s'est précipitée dans l'abîme , et
Adolphina n'en est pas moins malheureuse ; ne voulant pas augmenter les
peines de celle qu'elle aime si tendrement, elle lui cache ses souffrances;
aucun murmure ne sort de ses lèvres ;
et lorsque anéantie sous le poids des
maux les plus affreux, elle presse sa
sœur contre son sein, elle s'efforce de
lui dire gaîment qu'elle est contente ,
et n'a aucune raison pour se plaindre
de son sort. Dans la lettre qu'elle avait
écrite à son frère, elle le priait, avec
les plus vives instances , de laisser
ignorer à Adolphina qu'il cessait ,

pour quelque temps , de venir à Romantic - Lodge ; elle lui donnait aussi une espérance qu'elle n'avait pas elle-même , celle de faire bientôt cesser une défense qui ne pouvait être que momentanée.

La facilité avec laquelle Théodosia avait paru se résigner à la privation de voir son frère, engagea sir Joseph à la traiter avec plus de douceur. Un événement, objet des désirs du baronnet, lui donna un air de contentement qu'on ne remarquait plus en lui. La femme de chambre de milady lui confia que sa maîtresse était grosse. Théodosia, cruellement ulcérée par les procédés injustes de son mari, ne changea rien à sa froideur accoutumée ; il la trouvait continuellement sérieuse et triste ; il lui parla avec une sorte de transport de l'événement qu'elle n'avait pas daigné lui communiquer : elle

baissa les yeux et rougit. Il se forma-
lisa de son silence, et lui reprocha son
insensibilité. Le chagrin amène le découragement, et ce dernier entraîne
un dégoût de la vie, qui rend indifférent à tout. Milady Lovering se serait
sans doute réjouie de son nouvel état,
si elle avait pu chasser de son esprit
l'horrible idée que l'enfant à qui elle
donnerait le jour serait un infortuné
de plus sur la terre. Elle avait trop
bien étudié le caractère de sir Joseph,
pour ne pas craindre qu'il ne fût aussi
mauvais père qu'il était mauvais mari :
elle savait d'ailleurs, par un vieux ser-
viteur, que, malgré qu'il fût fier de
Francis, ce jeune homme avait eu
beaucoup à souffrir, surtout dans son
enfance, de la dureté du baronnet.

Il s'en fallait encore de quatre mois
qu'Adolphina fût majeure, quand sa
sœur mit au monde une fille. Sir John

aurait préféré un garçon ; cependant
il ne témoigna aucune humeur d'être
déçu de son espoir. Miss Tilbury vint
faire une visite à l'accouchée, accompagnée d'Alfred. Théodosia avait obtenu de rester près de sa sœur pendant
quelques jours. Dans la liste des noms
des personnes qui s'étaient présentées
à Romantic-Logde, pour savoir des
nouvelles de la santé de milady, se
trouvaient ceux de milord Cramburn
et de George Tilbury. Théodosia
éprouva un grand chagrin de ne pouvoir recevoir verbalement le compliment de son frère ; mais ce qui l'affligea le plus, ce fut d'être forcée d'avouer
à sa sœur que sa porte était fermée à
son frère par l'ordre de son mari. —
Voilà, s'écria Adolphina, la confir-
mation de ce que j'ai toujours soupçonné : vous êtes malheureuse, et c'est
votre attachement pour moi qui en est

la seule cause. — Croyez, Adolphina, que ce ne fut pas uniquement vous que j'avais en vue quand je consentis à donner ma main à sir Joseph. Les circonstances vous forcent à ne pas me confier tous vos secrets : je suis dans une semblable position, et j'ose aussi vous demander comme une grâce de ne pas me presser de vous dire ce que je dois taire. — Vous n'êtes pas sincère. O ma sœur! le motif qui vous porte à vouloir me tromper augmenterait ma reconnaissance, si elle pouvait s'accroître. Ce débat de tendresse avait tellement exalté les sentimens de ces deux intéressantes créatures, qu'elles étaient dans les bras l'une de l'autre depuis quelques minutes, et n'avaient point entendu ouvrir la porte, quand un léger bruit fit cesser le charme. Adolphina fut la première à apercevoir qu'il était entré quelqu'un dans

le salon ; elle lève les yeux, et aper-
çoit Alfred : un cri d'effroi lui échappe.
— C'est vous, M. Worm? dit Théodosia ; ma tante est donc ici? — Non,
milady. — En ce cas, je ne devine
pas trop quel peut être le motif qui
vous y amène. Alfred se mordit les
lèvres, prit un siége sans qu'on l'eût
invité à s'asseoir. — Faisant partie,
depuis beaucoup d'années, dit-il avec
une sorte d'affectation, de la famille
Tilbury, je dois être étonné, et même
me trouver offensé, de la manière peu
civile avec laquelle les deux sœurs ne
cessent de me traiter : bien persuadé
qu'elles ne peuvent avoir un sujet légitime qui autorise une conduite aussi
étrange, je viens demander une explication qu'il est impossible qu'on me
refuse. Adolphina garda le silence ;
Théodosia se hâta de répondre : — Il
me semble, monsieur, que, loin de

solliciter une explication, vous auriez dû chercher à l'éviter, puisqu'elle ne peut que vous attirer une humiliation méritée. Vous dites que vous faites partie de notre famille; il est difficile de pousser plus loin l'orgueil : à la vérité, un membre de cette famille, oubliant toutes les convenances, vous a accordé une prolongation d'asile dans la maison où vous êtes devenu parfaitement inutile ; les autres vous y souffrent, mais avec la condition que vous continuerez à n'y être considéré qu'à titre d'étranger à qui on ne refuse pas de rendre service. Quant à vos observations sur le plus ou le moins d'égards que nous vous marquons, je les trouve aussi audacieuses qu'elles sont déplacées : j'en dis autant de votre visite, que je vous prie de terminer. Le ton impérieux que prit milady Lovering en imposa à Alfred ; une couleur livide se répandit sur son visage : forcé de commander à la colère qui faisait tressaillir tous ses muscles, il se leva ; et, lançant un regard terrible sur les deux sœurs, il sortit en proférant des menaces inintelligibles. — Vous l'avez exaspéré, dit tristement Adolphina. — J'ai dû réprimer son impudence. Cet homme m'a toujours fait horreur. — Ne craignez-vous pas qu'il n'use de l'ascendant qu'il a sur ma tante pour nous faire beaucoup de mal à tous ? — Que pouvons-nous en redouter ? Dans trois mois vous serez majeure et indépendante. Adolphina soupira. — Hélas ! dit-elle, trois mois peuvent amener..... — Votre liberté entière ; alors vous pourrez congédier M. l'ex-précepteur : George vous seconderait si miss Tilbury s'y opposait. — Plût à Dieu que tout cela puisse se faire comme vous le croyez ! — Ma chère Adolphina, vous vous forgez des inquiétudes sans aucune base : si j'étais à votre place, j'attendrais fort tranquillement la fin de ma minorité. Adolphina ne répondit pas ; pour ne pas laisser voir son trouble à sa sœur, elle alla prendre sa petite nièce qui reposait dans son berceau ; et, l'apportant à sa mère, elle lui dit en souriant : — Quand elle sera grande, elle apprendra de nous comment on doit supporter des maux irréparables.

Le lendemain, miss Tilbury envoya chercher sa nièce, avec l'ordre exprès de la ramener sur-le-champ à Shelter-House. En embrassant sa sœur, Adolphina lui dit à l'oreille : —Voilà le commencement de l'exécution des menaces. — Dans trois mois, répondit Théodosia, nous pourrons

les brâver. Cette séparation fut extrêmement douloureuse pour lady Lovering; elle ne pouvait se dissimuler
qu'un violent chagrin pesait sur le cœur
de sa sœur. Ainsi l'infortunée avait à
gémir sur le sort d'Adolphina et sur
le sien.

CHAPITRE III.

Pour célébrer la naissance de la petite Idamira, et l'heureuse délivrance de sa mère, miss Tilbury donna un grand repas où furent priées plusieurs familles des environs. Milord Cramburn sentait bien qu'il serait prudent de refuser de s'y trouver : il le voulait ; mais George insista tellement pour qu'il y fût, qu'il ne crut pas devoir résister.

On venait de quitter la table quand un valet annonça la visite de M. Eversfield. Esther fit répéter le nom, croyant avoir mal entendu ; il lui semblait singulier que quelqu'un qui lui était entièrement inconnu se présentât sans

s'être informé si on voulait le recevoir, et prendre surtout un jour où
elle avait beaucoup de monde. Elle
eut peu de temps pour faire ces réflexions, car l'étranger avait suivi le
domestique, et entra subitement. Il
jeta un regard autour du salon ; après
avoir parcouru toutes les figures des
femmes, ses yeux s'arrêtèrent sur celle
d'Esther : il s'en approcha avec un air
d'aisance ; et, après l'avoir saluée, il
lui remit une lettre, et alla se placer
sur un siége vacant. Miss Tilbury demanda la permission de savoir de qui
était la lettre ; puis, gagnant l'embra-
sure d'une fenêtre, elle brisa le cachet, déploya le papier, et porta ses
yeux sur la signature. Une couleur
cramoisie couvrit ses joues ; mais bientôt, devenant maîtresse de tous ses
mouvemens, elle affecta de sourire en
parcourant la lettre des yeux ; ensuite

elle la coula dans son sac, regagna sa place, et prit un air extrêmement agréable, en adressant la parole à l'étranger. —Il y a-t-il long-temps, monsieur, que votre ami s'est établi à la Nouvelle-Angleterre?—Je pense, madame, que M. Newman a quitté la Grande-Bretagne peu de mois après le mariage de miss Patcham; je présume que vous vous rappelez de cette époque? — Parfaitement, monsieur. — Vous n'ignorez sûrement pas que la charmante Alithea est devenue la femme d'un aimable jeune homme, le capitaine Devis? — Oui, oui, je me souviens de ce ridicule mariage qui s'est fait contre la volonté du tuteur de miss Patcham. — Loin d'être ridicule, cette union était tout-à-fait convenable; elle a eu un double avantage, celui de faire deux heureux, et d'empêcher deux folies : une vieille

femme s'était éprise du capitaine, et
un fou idolâtrait Alithea. — Je crois
qu'on vous a trompé, monsieur, dit,
avec humeur, Esther. — Cela est possible ; au reste, je n'ai su tous ces
détails que par Newman, et il m'en
avait garanti l'authenticité. L'intime
liaison qui s'est formée entre nous ne
nous permettait aucun déguisement ;
malgré des dehors peu séduisans, il
m'inspira beaucoup d'intérêt, de son
côté il s'attacha à moi. La sœur de ma
femme était riche, jolie et vertueuse ;
il l'épousa : ce fut un lien de plus qui
resserra notre amitié. La confiance
qu'il eut en moi me mit à même de
connaître un grand nombre de parti-
cularités sur le compte de plusieurs
personnes que je connaissais de nom :
il m'a beaucoup parlé de M. Tilbury
et de miss Esther sa sœur. Devenus
veufs tous les deux, et sans enfans,

II.   4.

nous continuâmes à habiter la même maison. Quand je me décidai à faire un voyage en Angleterre, il me chargea de plusieurs lettres pour différentes personnes, me priant d'être moi - même le porteur de celle qui vous est adressée, madame ; commission que je me suis engagé à remplir avec empressement. Ce long discours avait donné le temps à Esther de se remettre. Parmi les convives, il s'en trouva plusieurs qui se rappelèrent M. Newman ; mais tous en parlèrent avec une froide indifférence. M. Eversfield s'en aperçut, et dit avec une sorte de négligence : — Le Newman, habitant aujourd'hui James-Town, n'a, au moral comme au physique, aucune ressemblance avec le Newman que vous avez pu voir il y a plus de vingt ans. Le temps, les circonstances, les réflexions et de bons amis parviennent à corriger des défauts. Quand le cœur est bon, les erreurs de l'esprit durent peu : cependant j'avouerai qu'il n'est malheureusement que trop commun de voir des êtres sur lesquels l'âge et la raison n'ont aucun pouvoir. Je les plains, car le vice ne triomphe pas toujours. L'exécration universelle devient leur partage, et ils terminent leur horrible existence en se maudissant eux-mêmes. Tout le monde convint de la vérité de cette assertion ; mais on n'en trouvait pas moins cette sortie tout-à-fait déplacée dans un rassemblement qui avait pour but de se réjouir. Chacun porta un différent jugement sur l'étranger : beaucoup pensaient qu'il y avait un petit grain de folie dans sa tête ; quelques-uns se persuadèrent qu'il avait le dessein de faire un portrait où l'original présent pourrait se reconnaître ; mais en général on le jugea un homme singulier. L'être le moins fait pour mériter son attention fut celui dont il sembla s'occuper le plus ; il rechercha les occasions de causer avec sir Joseph. Celui-ci, flatté des prévenances de l'étranger, parut l'écouter avec assez de plaisir : le résultat de leur conversation fut une invitation d'aller passer quelques jours à Romantic-Lodge. — J'accepte votre offre obligeante, dit l'Américain, avec d'autant plus de satisfaction, que mon projet étant d'acheter un bien dans ce canton, je pourrai le choisir sans me presser. Miss Tilbury, ayant entendu que M. Eversfield avait l'intention de s'établir dans le voisinage, ne put cacher le déplaisir qu'elle en éprouvait. Alfred, qui partageait sans doute son éloignement pour l'étranger, jetait de temps en temps sur lui des regards qui décelaient ses sentimens. Fort peu de personnes en firent la remarque. L'on était venu à Shelter-House pour s'amuser : il était tout simple qu'on tâchât de remplir ce but. Les deux sœurs, peu disposées à la joie, purent se livrer au rôle d'observatrices. L'Américain leur inspira une sorte d'intérêt qu'il est rare qu'on ressente pour une si nouvelle connaissance. Plusieurs fois elles avaient remarqué qu'en parlant au baronnet, l'étranger dirigeait ses yeux sur elles, et ce regard avait quelque chose de si doux, de si obligeant, qu'il ne pouvait être considéré comme simple curiosité. Elles ne purent douter que d'autres en avaient jugé comme elles; car Esther et Worm, après un aparté assez long, jetèrent à l'étranger, à la dérobée, un coup d'œil où se peignaient l'inquiétude et le mécontentement.

Milady Lovering, qui avait été éloignée d'Adolphina une partie de la journée, par la nécessité où se trouvait la dernière de faire les honneurs de la fête, ne put la rejoindre qu'au moment où l'on allumait les bougies. — Que pensez-vous de l'Américain? demanda-t-elle à sa sœur. — Je le crois un honnête homme. — Telle est aussi mon opinion. Sir joseph paraît l'avoir goûté, et j'éprouve une sorte de satisfaction à me dire : Il est possible que sa liaison avec mon mari opère, dans les procédés de celui-ci, un changement favorable.—Je le désire bien ardemment; vos chagrins, dont je suis l'unique cause, me rendent doublement malheureuse. — Chère Adolphina, faut-il vous répéter que vous êtes pour très-peu de chose dans le consentement que j'ai donné à mon mariage avec le baronnet; il est même problable que, sans la condition qu'il avait mise, je serais également devenue sa femme. Adolphina garda le silence; mais un mouvement de sa tête semblait lui assurer qu'elle ne pouvait croire à sa délicate assertion.

De tous les convives, celui qui participa le moins à la joie fut milord Cramburn. Obligé de surveiller sans cesse ses regards, qui se portaient même involontairement sur la touchante Théodosia, il s'était réfugié dans l'endroit le moins exposé aux yeux observateurs. Milady Lovering, toujours belle, toujours intéressante, avait néanmoins l'air triste et abattu; ses brillantes couleurs avaient fait place à l'albâtre. Devait-il accuser de ce changement un dérangement dans sa santé, ou des souffrances morales? Qu'elle ne fût pas heureuse, ne pouvait être pour lui une question; la défense que le baronnet avait faite de recevoir George Tilbury, précisément le jour où il avait été témoin de l'entrevue bien innocente qui avait eu lieu à un interstice du parc, était une preuve certaine qu'il était jaloux ; et la jalousie, dans des hommes du caractère de sir Joseph, conduit à l'injustice, et souvent à la dureté. N'ayant eu, en venant à Shel-ter-House, nul autre motif que de pouvoir considérer encore une fois la femme qu'il idolâtrait, il ne fut distrait de cette douce occupation par aucun autre objet. Hélas ! il put lire sur l'angélique figure de Théodosia, un embarras, une gêne continuels : ses yeux, presque toujours baissés, se levaient de temps en temps sur son mari, qui ne cessait de la regarder que pour s'entretenir avec l'étranger. L'œil du baronnet semblait vouloir lire dans la pensée de sa femme. L'Américain fut

invité, par sir Joseph, à venir directement à Romantic-Lodge, en quittant
Shelter-House. Après quelques céré-
monies sur la crainte de gêner, etc., il
accepta; et, à deux heures du matin,
M. Eversfield monta en voiture avec
le baronnet et milady Lovering.

Henri Eversfield avait cinquante-cinq
ans; il était d'une haute stature et bien
proportionné; son visage était fort brun,
et ses traits assez réguliers ; ses yeux,
très-beaux, pouvaient prendre une expression de sévérité imposante ; le son
de sa voix, dans la conversation , était
doux et agréable; mais, dès qu'il l'élevait, elle devenait forte et sonore. Voilà
pour l'extérieur: les circonstances met-
tront le lecteur à même de connaître
son caractère.

Sir Joseph fit donner à l'étranger
un appartement, et milady s'occupa
de le faire garnir de tout ce qui pouvait

contribuer à le rendre commode. Un valet de chambre et un nègre composaient toute sa suite ; on pouvait le présumer aisé ; mais rien n'annonçait qu'il fût riche. Le baronnet ayant dit qu'il voulait qu'on témoignât beaucoup d'égards à l'étranger, Théodosia ne crut pas devoir dissimuler l'estime qu'il lui avait inspirée.

Durant les premiers jours, M. Eversfield ne s'occupa pas du projet de chercher un bien à vendre ; il passait toutes les matinées, jusqu'à trois heures, dans sa chambre ; le reste du jour était consacré à ses hôtes. Il avait de l'esprit, des connaissances, une sorte de gaîté originale qui plaisait à tout le monde ; ses valets, qui avaient pour lui amour et respect, en faisaient de grands éloges.

Personne ne rendait plus de justice aux qualités de l'Américain que Théodosia ; cependant elle ne pouvait concevoir ce qui avait pu décider sir Joseph à lui accorder l'apparence d'un entier dévouement. Henri Eversfield n'était nullement flatteur ; jamais il n'adressait au baronnet de ces complimens qui blessent la vérité : plusieurs fois il lui dit avec franchise qu'il avait tort, quand il s'élevait une discussion où sir Joseph prétendait avoir raison. Quel pouvait donc être le motif qui déterminait sir Joseph à traiter si bien l'étranger ? Quel qu'il fût, elle devait en remercier la Providence, puisqu'elle n'avait jamais, depuis son mariage, joui d'autant de tranquillité dans l'intérieur de son ménage.

Dès qu'on fut informé du désir qu'avait M. Eversfield d'acquérir une propriété dans les environs de Wells, on vint lui en proposer plusieurs. Après les avoir été voir, il se décida pour la moins considérable, et en fit sur-le-champ l'acquisition. Avant quinze jours elle fut prête à le recevoir. On remarquait, avec une sorte de surprise, que non-seulement il l'avait fournie des choses nécessaires à un grand ménage, mais qu'il l'avait fait meubler avec une richesse extraordinaire. La maison était très-modeste à l'extérieur; à la vérité les jardins étaient étendus et agréables. D'après le plan de l'Américain, il se proposait de faire de Nothing-Place, nom de ce petit bien, un joli petit palais.

M. Eversfield augmenta ses domestiques d'une femme de charge, d'une cuisinière, d'un cocher et d'un jardinier.

Il y eut un grand repas à Nothing-Place, le jour que l'étranger en prit possession : les mêmes personnes qui se trouvaient à Shelter-House, le jour

de son arrivée dans le pays, furent invi-
tées, à l'exception d'Alfred Worm, qu'il
considérait sans doute comme un dépen-
dant de la famille Tilbury. Cette omis-
sion fit deux mécontens. Esther, après
quelques réflexions, se décida à ne point
accepter. Son refus n'aurait pas même
été aperçu, s'il n'avait aussi entraîné
l'absence d'Adolphina. M. Eversfield
fut à Shelter - House , dans l'espoir
qu'il ferait changer une détermination
qui l'affligeait; mais miss Tilbury lui
répondit sèchement qu'elle était engagée. — Eh bien , madame, je prendrai
un autre jour. — J'aurai encore un engagement ce jour-là. — Ainsi, c'est
une détermination invariable ? — Invariable. — Peut - être me ferez - vous
la grâce de m'en apprendre le motif ?
— Je ne pense pas , monsieur, que
vous ayez aucun droit de me faire de
question , quand il ne me plaît pas de

m'expliquer. L'Américain sourit. —
Je vous croyais, dit-il, en appuyant
sur ses mots, plus de bontés pour mon
sexe. Sans doute que mon titre de
vieux garçon vous donne quelque appréhension d'inconvenance; mais, madame, les familles les plus respectables
des environs ont accepté mon invitation. — Et moi, monsieur, je la refuse.
— Du moins permettez que miss Adolphina y accompagne Lady Lovering,
sa sœur. — Adolphina est mineure, et
ne peut ni ne doit paraître en public
sans sa tutrice. — Dans peu de mois elle
sera majeure. — Alors.... Comme elle
parut hésiter, Henri reprit la parole.
— Alors, madame, elle sera libre de
ses actions, et n'en fera aucune que la
plus rigide vertu puisse blâmer. —
Alors, monsieur, peut-être sera-t-il sur-
venu quelque changement qui déjouera
des projets extravagans. — M. New-

man m'avait prévenu : cependant, madame, je me flattais de ne pas trouver les choses dans une situation aussi desespérée ; mais je vois qu'il ne s'est pas trompé dans son jugement. — J'ai peu d'adresse pour deviner des énigmes ; celle que vous me proposez d'ailleurs ne m'inspire aucun intérêt : ainsi, monsieur, vous m'obligerez en me laissant vaquer à mes affaires. Je suis en outre très-fâchée de me trouver dans la désagréable nécessité de vous engager à vouloir bien me dispenser de recevoir vos visites à l'avenir. — Je vous prie, miss Esther, de ne pas oublier que c'est vous qui m'éloignez de votre maison. — En vérité, tout ceci est de si peu d'importance pour moi, que je ne puis vous promettre d'en conserver le souvenir. C'est ainsi que se séparèrent deux personnes de caractères et de sentimens entièrement opposés.

Malgré la modération apparente de M. Eversfield, il était facile de s'apercevoir de son mécontentement. Il avait laissé sa voiture à une petite porte du parc de Shelter-House ; ce qui l'obligea à traverser une partie du jardin. Il rencontra Adolphina, qui se promenait un livre à la main, dont cependant elle ne faisait aucun usage : ses yeux étaient baissés, et elle paraissait ensevelie dans ses réflexions ; elle n'était plus qu'à dix pas de l'Américain quand le bruit de sa marche attira son attention. Ce fut avec un mélancolique sourire qu'elle le joignit. Adolphina, qui avait conçu infiniment d'estime pour M. Eversfield, lui témoigna combien elle était satisfaite de le savoir fixé dans le voisinage.—Hélas ! je n'en serai pas plus heureux ; votre tante vient de me congédier sans retour.—Quels peuvent être ses motifs pour un procédé aussi

étrange ? — Ma trop grande franchise ,
et la certitude que je ne suis pas du
nombre des gens qu'on peut abuser. —
Je ne pense pas que ma tante ait rien
de commun avec ceux que vous men-
tionnez. — Chère enfant, je vois que
vous avez hérité de l'extrême bonté de
votre adorable mère. L'étranger ne put
cacher son émotion. — Vous avez connu
ma mère, monsieur ? — J'en ai beaucoup entendu parler.—Par des Anglais
qui étaient passés en Amérique, sans
doute ? — Oui, par des Anglais. —
Ah! monsieur, quelle terrible perte
que celle d'une mère ! — Elle est irré-
parable ; on le sent doublement quand
elle est si mal remplacée. — Votre jugement sur ma tante est trop sévère;
mon père était son frère, et il l'aimait
beaucoup. — C'est qu'il l'a jugeait d'a-
près lui. Aimable fille , vous ignorez
donc que les branches du même arbre

n'ont souvent ensemble aucune ressemblance. Je n'ai pas l'intention de vous
indisposer contre votre tutrice ; mais
je vous invite à attendre votre majorité
avant de prendre aucun engagement.
Adolphina devint pâle ; un tremblement la saisit. — Aucun engagement,
répéta-t-elle douloureusement. — Ne
vous effrayez pas, reprit-il, craignant
d'avoir été trop loin : je puis avoir été
induit en erreur ; mais, Adolphina,
n'oubliez pas que vous avez pour ami,
pour protecteur, un vieux voisin qui
sera toujours prêt à vous rendre tous
les services que vous pourriez attendre
d'un père. — Je vous remercie, monsieur ; mais, malgré votre bonne volonté, vous ne pouvez rien pour mon
bonheur : mon sort est fixé. — Il chan-
gera dans peu de temps. — Jamais. —
Que dites-vous ? — Hélas ! une vérité,
une terrible vérité. En ce moment on

vit paraître, au bout de l'allée, miss
Tilbury. — Voilà ma tante : ne lui parlez pas du sujet de notre conversation.
— Dans l'obscurité où vous me laissez,
il me serait impossible de commettre
une indiscrétion. Esther n'était plus
qu'à dix pas. Quoique bien sûr qu'il
en serait mal accueilli, Henri ne voulut cependant pas se retirer avant qu'elle
ne les eût joints. —Vous ici, monsieur!
dit, avec humeur, miss Tilbury; par
quel hasard? — En effet, c'est un hasard que cette rencontre. J'allais rejoindre ma voiture qui m'attend à la
petite porte; ayant aperçu miss Adolphina, je me suis arrêté pour m'informer de l'état de sa santé. — Il ne faut
pas, monsieur, vous retenir plus long-
temps; voilà le chemin qui conduit à
la petite porte : j'ai l'honneur de vous
saluer. En terminant cet impertinent
congé, Esther s'empara du bras d'Adol-

phina, et, sans regarder l'étranger, elle dirigea ses pas vers la maison. — Je n'aime pas, dit-elle, les gens qui, sans aucun droit, veulent s'initier dans les affaires des autres. Que vous disait ce hardi étranger? — Ce dont il vous a rendu compte. — Vous a-t-il informé que je lui avais défendu de revenir chez moi? — Oh ciel! ma tante, comment M. Eversfield s'est-il mis dans le cas d'être traité avec si peu de ménagement? — Je me flatte que vous ne présumez pas que je l'eusse fait sans de grandes raisons. — Oserais-je vous prier de me les dire? — Il doit vous suffire de savoir que j'ai fortement à m'en plaindre : il a manqué aux égards qui me sont dus. — Vous m'étonnez; j'ai vu peu de personnes plus parfaitement polies. — Vous devez, Adolphina, vous en rapporter à la prudence de celle qui avait l'entière confiance de votre père. — M. Tilbury ne dédaignait pas de donner à ses enfans les éclaircissemens qu'ils demandaient. — C'est qu'il ne s'est pas trouvé dans les mêmes circonstances : soyez bien certaine qu'il eût agi comme je le fais.

L'indignation d'Adolphina était à son comble : être traitée comme le serait un enfant lui sembla une chose intolérable ; et, pour la première fois, elle osa dire à sa tante quelques vérités un peu dures. Confondue d'une audace tout-à-fait inusitée pour elle, il lui fut impossible de suivre le plan de prudence qu'elle s'était imposé ; il lui échappa des menaces qui remplirent d'épouvante l'infortunée sœur de Théodosia.—Me résister, dit cette méchante femme, c'est prononcer soi-même sa propre condamnation. Tremblez, fille désobéissante et perverse ; apprenez que je ne fus jamais la dupe de ce mystère qui suivit votre disparition dans l'intérieur de *Wokey-Hole*. Le serment de respecter le secret que vous vous disiez obligée de garder, que mon frère exigea de tous ceux qui étaient instruits de l'événement, n'était qu'un manteau qui devait couvrir la faute dont vous vous étiez rendue coupable : on ne cache que les actions dont on doit rougir. — Au nom du Ciel ! madame, ne me forcez pas à sortir du respect que je voudrais conserver à la sœur de mon père. — Votre père était un homme faible, sans caractère, et qui se laissait gouverner par les plus adroits de ceux qui avaient usurpé sa confiance : jamais mon frère ne montra l'énergie nécessaire à un époux abusé et à un père trompé. Un sourire amer et méprisant fut la seule réponse d'Adolphina ; puis, détachant de dessous son bras celui d'Esther, elle s'avança, d'un pas précipité, vers la maison, laissant sa tante presque exaspérée par une fuite qu'elle regardait comme une impardonnable offense.

Adolphina s'était retirée dans sa chambre ; et, après avoir donné des larmes au souvenir du meilleur des pères, il lui fut impossible de ne pas vouer à sa haine une femme qui osait insulter à la mémoire de celle dont elle avait reçu le jour, de celle dont on ne parlait que pour exalter les vertus. Absorbée dans la douleur la plus légitime, elle n'avait pas songé à s'enfermer, précaution qu'elle s'était vue forcée de prendre. Sa porte s'ouvre ; elle voit paraître... un homme. Un cri lui échappe ; le tremblement l'a saisie ; le frisson de l'horreur coule dans ses veines, et la pâleur de la mort se répand sur son visage ; elle veut et ne peut lui ordonner de sortir. Voyant son effroi, cet importun cherche à la rassurer ; enfin, l'infortunée peut articuler ces mots : — Ne m'approchez pas, ou je vais expirer à l'instant. Ce n'était pas une vaine menace : ses yeux égarés, tous ses traits renversés, une respiration convulsive, annonçaient les terribles approches de la destruction. — De grâce, Adolphina, calmez-vous : je ne suis pas un barbare. Ne craignez de ma part, en ce moment, aucune entreprise qui puisse vous offenser ; je viens uniquement pour causer avec vous. Prescrivez vous-même la distance que vous exigez qui nous sépare ; je ne la dépasserai pas d'une ligne ; mais daignez m'écouter : il faut absolument que je vous parle. Une explication entre nous est indispensable ; je la sollicite autant pour vous que pour moi. Adolphina avait couvert son visage de ses mains durant le discours qui venait de lui être adressé. Reprenant un peu de courage et de forces, elle montra un siége placé à l'autre bout de sa chambre, et attendit, en silence, le résultat d'un entretien qui lui était odieux.

———

CHAPITRE IV.

M. Eversfield revint à Nothing-Place, fort mécontent de sa visite à Shelter-House. Sir Joseph, qui était venu pour le voir, avait attendu son retour. L'Américain lui fit part de son *désappointement*; le baronnet parut peu surpris de la boutade de la tante de sa femme. — Elle est capricieuse et méchante, dit-il; il n'y a pas de mal qu'elle reste chez elle. — Ce serait un bienfait, dit Henri, dont je lui saurais gré, si son absence ne nous privait pas de la satisfaction d'avoir votre belle-sœur. — La vieille est adroite; elle use du seul moyen qui puisse faire penser qu'il existe une créature aussi insignifiante;

mais peut-être Théodosia obtiendra ce qu'on vous a refusé. — J'en doute beaucoup ; au reste, c'est un peu de ma faute. Il y a dans cette maison une espèce de valet-maître que je n'ai pas jugé convenable d'admettre à ma table. — Quoi ! vous n'avez pas prié le sigisbée de la dame ? — Non. — En ce cas, Dieu même ne ferait pas changer miss Tilbury ; et Adolphina ne quittera plus Shelter-House jusqu'à sa majorité. — Cet homme est donc bien nécessaire à cette vieille fille ? — On les croit secrètement mariés. — C'est la plus grande sottise qu'elle ait pu faire ; mais comme elle est d'âge à se guider, qui empêche qu'elle ne rende cette union publique ? — C'est encore un moyen de se singulariser. — Je ne crois pas que son frère ait été du même caractère. — Il passait pour un honnête homme, et était très-aimé dans tous les environs : on dit qu'il faisait beaucoup de bien. —Je lui croyais une fortune assez bornée. — Il paraît qu'il a fait un bel héritage après la mort de sa femme. — J'ai peu vu le jeune Tilbury ; mais je ne crois pas qu'il vaille ses sœurs. — George a été fort dissipé dans sa grande jeunesse ; alors je n'habitais pas Romantic-Lodge ; mais plusieurs personnes m'ont assuré qu'il tenait ses défauts de son instituteur. — Alfred Worm ? — Lui-même. Aujourd'hui, on dit qu'il est changé à son avantage. — Je ne me rappelle pas de l'avoir vu chez vous. — Il est intimement lié avec milord Cramburn, avec qui je suis en froid.

M. Eversfield prenait un intérêt si vrai, si vif aux deux sœurs, que tout ce qui avait quelque rapport avec elles ne pouvait le trouver indifférent. L'occasion ne s'était pas encore présentée de faire des questions à ce sujet à sir

Joseph; il crut devoir saisir celle qui s'offrait. Ce qu'il avait appris d'ailleurs coïncidait parfaitement avec les informations qu'il recevait du baronnet.

Rien ne fut ménagé pour bien accueillir les convives qui se rendirent, au jour fixé, à Nothing – Place ; ils n'eurent qu'à se féliciter de leur nouveau voisin. La bonne chère et le bon vin mirent tous les hommes de la meilleure humeur du monde; une excellente musique, terminée par un bal, fut pour les dames le complément de la fête : on ne se sépara qu'à quatre heures du matin.

L'Américain avait cherché à se rapprocher de George, et ils s'étaient entretenus durant près de deux heures. Lord John Cramburn était en tiers dans la conversation. Henri trouva que ce dernier justifiait la bonne réputation dont-il jouissait, et il lui parut d'un favorable augure pour le caractère de

George Tilbury, qu'il se fût lié avec un jeune homme si estimable.

Quoique lord John se fût abstenu d'adresser la parole à lady Lovering, il ne put prescrire la même réserve à ses yeux; sans cesse il les attachait sur elle. Vainement il tâchait de saisir un de ses regards; soit qu'elle se surveillât, ou soit qu'elle fût occupée d'autres objets, le pauvre John n'emporta de Nothing - Place aucun souvenir qui pût lui aider à supporter le poids de ses peines.

L'air inquiet de milord Cramburn n'avait pas échappé à M. Eversfield; avec un peu d'attention, il en découvrit le motif. Ce jeune homme aime Théodosia, pensa-t-il : comment peut-il se faire que sir Joseph Lovering ait obtenu la préférence ? Quand il se trouva seul, il chercha quelles pouvaient être les raisons d'un choix aussi extraordinaire. Ayant demeuré quelque temps à Romantic-Lodge, il s'était fort bien aperçu que milady Lovering n'était pas heureuse : l'humeur de son mari, inégale et brusque, avait, même en sa présence, mouillé de larmes les yeux de Théodosia. Vainement il l'avait vue s'efforcer de paraître calme : une expression de crainte se peignait dans ses traits, dès que le baronnet parraissait ; cependant tout le monde lui avait assuré qu'elle avait accepté, sans aucune répugnance, un mariage si disproportionné. Henri se figura que leur hymen pouvait bien être le funeste résultat d'un mouvement de dépit, et il déplora qu'une femme si charmante eût été elle-même l'artisan de son malheur. Ces réflexions lui firent désirer de plus en plus de pouvoir conserver l'amitié et la confiance de sir Joseph : du moins il pourrait, dans l'occasion, user de son ascendant sur le mari, pour adoucir le sort de la femme.

Henri Eversfield, établi à Nothing-Place, s'occupa essentiellement de la situation des habitans qui avoisinaient sa demeure : la seule idée qu'il existait peut-être des gens malheureux autour de lui, tandis qu'il avait plus que le nécessaire, aurait troublé son repos. Le valet de chambre et le nègre, qu'il avait amenés, étaient de tous ses gens ceux en qui il avait le plus de confiance; il savait qu'ils la méritaient : aussi s'en rapportait-il à eux. Dans toutes les occasions où des informations lui étaient nécessaires, c'était Urban ou Noak (le nègre) qu'il chargeait de les prendre. Avant peu de temps l'aspect de la misère disparut, et avec elle le découragement. L'excès du malheur absorbe toutes les facultés de l'homme; il devient incapable même de penser.

Ce que sir Joseph avait prévu arriva;
Esther, outrée du mépris témoigné à
Worm, trouva une petite consolation
à se venger sur Adolphina, et elle décida que, jusqu'à sa majorité, elle ne
sortirait pas de Shelter-House, et que
nulle personne n'y serait admise durant
cet intervalle, excepté lady Lovering,
qu'elle ne pouvait empêcher de voir sa
sœur. De toutes les visites, c'était cependant celle-là qu'elle redoutait le plus ;
elle connaissait la tendresse qui unissait
les deux sœurs, et avait de grandes
raisons de croire que Théodosia ne
donnerait à Adolphina que des conseils
qui seraient contraires à ses projets : il
fallait donc hâter l'exécution de ces
derniers.

Etonnée de n'avoir aucune nouvelle
de sa sœur, lady Lovering se décida à
lui écrire. Tourmentée d'un rhume, il
lui fut impossible de se rendre elle-

même à Shelter-House ; elle pria son mari d'être le porteur de sa lettre. Sir Joseph ne put être admis ; sans aucune excuse on lui refusa la porte : il insista vainement, et fut forcé de laisser au portier la lettre de sa femme. N'ayant point de réponse, et ne pouvant résister au désir de savoir ce qui empêchait sa sœur de lui écrire, Théodosia se rendit à Shelter-House. Les gens qu'elle vit, avant d'entrer dans le parloir, lui parurent sérieux et tristes. Elle trouva Miss Tilbury lisant une gazette ; après l'avoir embrassée, elle se disposait à aller dans la chambre d'Adolphina. Sa tante l'arrêta, et, affectant un air de surprise, elle lui demanda si elle n'avait pas reçu une lettre que sa sœur lui avait envoyée l'avant-veille, dans laquelle elle-même avait inséré quelques lignes. Théodosia certifia qu'il ne lui était rien parvenu. — Je ne

suis pas, en ce cas, étonnée de votre
ignorance, et je vais vous dire le contenu de cette lettre, que je ne conçois
pas qui se soit trouvée égarée. Un air
d'embarras parut permettre avec peine
à Esther de commencer son récit. Néanmoins elle reprit bientôt l'assurance
qui lui était naturelle, et dit, avec une
apparence de regret : — Vous savez,
Théodosia, combien votre sœur est
peu disposée à agir comme tout le
monde.—En vérité, ma tante, je ne me
suis jamais aperçue qu'Adolphina eût
rien de singulier dans ses paroles ou
dans ses actions. — Lui étant tendrement attachée, vous êtes sur ce point
un juge très-partial. — Ne puis-je savoir le motif qui avait engagé ma sœur
à m'écrire ? — Oh ! je vais vous le dire :
elle vous faisait part de son mariage. —
Ma sœur se marie ! s'écria lady Lovering presque hors d'elle-même. — Il

est présumable qu'elle est mariée. — Mariée ! répéta Théodosia, volontairement : cela est impossible, à moins... Ma tante, vous devez me dire, vous ne pouvez me cacher qui est l'époux de ma sœur. — Certes, je n'en ai pas l'intention. Depuis long-temps Adolphina s'était éprise d'un jeune homme digne à tous égards de la préférence qu'elle lui a donnée, je dois en convenir, quoiqu'il ne soit par le mari que j'eusse voulu donner à ma nièce ; mais elle l'aimait, et une aussi forte inclination ne se surmonte pas. Vous n'avez sûrement pas oublié, Théodosia, l'aventure de Wokey-Hole ? eh bien ! c'est avec celui qui lui était cher qu'elle a pris la fuite. Votre père ayant refusé son aveu à ce mariage, à cause du peu de fortune du jeune homme, on espéra l'obtenir par un coup d'éclat ; mais mon frère tint bon : il ne voulut rien entendre avant

le retour de sa fille à Shelter - House.
Vous vous rappelez que votre sœur
revint : son père alors montra beaucoup de fermeté , défendit à Adolphina de conserver le moindre espoir
qu'il souffrît une union qu'il avait en
horreur, et exigea d'elle le serment
qu'elle garderait sur tout cela le plus
grand silence. Ce fut lui qui fabriqua
la lettre dont il nous fit lecture : votre
sœur et son amant ne s'étaient pas éloignés , et mon frère eut deux entrevues
avec sa fille. Afin que la réputation de
ma nièce souffrît moins, il nous fit tous
jurer le secret, et même il exigea notre parole de ne faire aucune question
à Adolphina : cette clause était d'autant plus nécessaire qu'il craignait les
confidences ordinaires à des sœurs.
Voilà, Théodosia , le moins fâcheux de
mon récit, et la relation que ma nièce
vous faisait dans la lettre qui sûre-

ment vous parviendra incessamment.
Esther parut hésiter sur la manière dont
elle continuerait. — Je vais vous causer de la peine, dit-elle enfin ; mais je
ne puis ni ne dois me taire : vous devez tout savoir. Apprenez donc, ma
nièce, que votre sœur ne revint pas
ici comme elle en était partie : Adolphina était...... enceinte. — Vous me
trompez ! s'écria Théodosia, dont la
patience était à bout : c'est une atroce
calomnie ! Ne vous flattez pas, madame, de trouver en moi la crédulité
d'un enfant. Toute cette histoire est
controuvée : je ne crois pas un mot de
ce qu'elle contient ; mais je veux tirer
tout cela au clair : ma sœur sera sincère
avec moi. Lady Lovering se lève, et
court vers la porte. — Arrêtez, Théodosia ; votre sœur n'est plus ici : je vous
ai dit qu'elle était allée se marier. L'indignation ferma tellement les yeux de

Théodosia, qu'elle oublia que la femme qui voulait ternir la réputation de sa sœur était celle de son père ; elle lui adressa les propos les plus durs ; et , répétant que rien n'était vrai dans l'odieux rapport qu'elle venait de lui faire, elle somma miss Tilbury de lui dire ce qu'elle avait fait du précieux dépôt qu'on lui avait confié. — Comme tutrice d'Adolphina , et l'ayant eue sous votre protection immédiate , vous êtes responsable de tout ce qui a pu lui arriver. Rendez-moi ma sœur , ou dites-moi où elle est. — Votre sœur est en âge de disposer d'elle : sans doute qu'elle n'a pas jugé à propos d'informer ses parens de ses projets. — Cependant , madame , vous avouez que vous étiez dans sa confidence ; elle est encore mineure : vous aviez le droit de vous opposer à son départ. Vous me permettrez de penser qu'il y a dans toute cette affaire une obscurité qui doit exciter les soupçons.—Quels soupçons? qui oserait en concevoir contre moi? — Il vous est facile de les prévenir : dites ce que vous avez fait de votre nièce. — C'est à elle seule à disposer d'un secret qu'elle ne m'a confié que sous la condition de le taire. — Adolphina ne m'a sûrement pas comprise dans le nombre de ceux qui doivent ignorer son sort : puisque vous dites qu'elle m'a écrit, où est sa lettre? qui a été chargé de l'apporter à Romantic-Lodge? Ceci du moins ne peut être un mystère : nommez-moi le porteur de cette missive. — C'est Adolphina qui a choisi son messager. — Souffrez que je fasse appeler tous vos gens : je saurai d'eux à qui je dois m'adresser. — Vous le pouvez ; mais je vous préviens qu'aucun de mes domestiques n'a été le commissionnaire de cette lettre. — Affreuse dissimulation ! dit Adolphina en frappant du pied. — Milady, je pardonne un premier mouvement : cessez vos invectives, ou retirez-vous. — Il n'est pas nécessaire de m'ordonner de quitter un lieu où tout me rappelle les pertes irréparables que j'ai faites. Une seule personne me le rendait encore cher ; elle n'y est plus : on l'a soustraite à sa sœur, à son amie, pour la livrer à..... des étrangers. Non, mon Adolphina n'est ni fausse, ni hypocrite ; elle m'aime, et doit souffrir autant que moi d'une séparation qui ne peut être volontaire. Adieu, madame ; je ne vous cache pas que je vais mettre en campagne tous nos amis ; mon frère sera à leur tête, et s'ils ne parviennent pas à découvrir la retraite où mon infortunée sœur est confinée, peut-être pourra-t-on exiger de sa tutrice des renseignemens qu'elle sera forcée de donner. Esther pâlit, et dit, d'une voix altérée : — Je ne crains point les menaces ; surtout ne vous présentez jamais aux yeux d'une parente qui ne vous pardonnera de sa vie des outrages si sanglans.

George, son ami lord Cramburn, même sir Joseph, se mirent à la recherche d'Adolphina, suivis de tous leurs gens. Pour la seconde fois, cette infortunée avait disparu, sans qu'il subsistât aucune trace de son enlèvement. M. Tilbury, avec moins de ménagement encore que sa sœur, avait demandé à sa tante ce qu'elle avait fait de la fille de son frère. Il en obtint les mêmes réponses ; elle ajouta seulement qu'il fallait avoir patience, et que sûrement sa nièce donnerait incessamment de ses nouvelles, si même elle n'en apportait en personne. George questionna les valets : aucun ne put le satisfaire. Adolphina était sortie un matin ; on la croyait à la promenade ; ne la voyant pas revenir, on demanda à l'heure du dîner s'il fallait l'attendre : miss Tilbury répondit qu'elle était absente, et ne reviendrait que dans quelques jours.

George voulant obtenir quelques éclaircissemens de son ci-devant précepteur voulut lui parler.—M. Worm, dit une jeune fille, n'est pas à Shelter-House. — Savez-vous où il est ? — Oh ! non, votre seigneurie ; il ne rend jamais compte de ses actions : il est parti la veille du jour où ma maîtresse a fait cette fatale promenade. — La veille, dites-vous ? — Oui, monsieur, la veille au soir ; c'est-à-dire, douze heures à peu près avant que miss Adolphina quittât la maison. Le détail de ces rapprochemens, qui ne parurent pas être donnés sans intention par Josepha, firent naître les soupçons de George : il rentra chez sa tante. — Avez-vous enfin chassé Alfred, ou est-il chargé de quelques messages qui aient nécessité son absence ? — M. Worm n'est pas du nombre des gens qu'on chasse ; il a bien voulu me rendre le service de faire un petit voyage utile à mes affaires. — C'est un hasard bien étrange que celui qui éloigne d'ici, presqu'en même temps, ma sœur et ce misérable. — Parlez, je vous prie, avec plus d'égards d'un homme que…. — Que tout le monde méprise, dit précipitamment George. — D'un homme que vous devez respecter. Alfred sera avant peu de temps le mari de votre tante. — Il ne l'est pas encore ; mais le fût-il, il ne m'en paraîtrait pas moins l'être le plus vil. Voyant qu'Esther allait prendre la parole, il lui fit signe de l’écouter. — Comme vous êtes d’âge à vous gouverner bien ou mal, je ne m’oppose nullement à cette belle union; mais je vous préviens, madame, que le jour de votre mariage, il vous faudra chercher une autre habitation : vous n’ignorez pas que, par le partage qui a été fait, Shelter-House m’est échu. Miss Tilbury y aurait trouvé un asile pour toute sa vie : mistress Worm n’y habitera pas une heure. Les 400 livres de rente viagère que vous a faite mon père, vous seront payées partout ailleurs. — Cela suffit : en attendant, épargnez-moi la vue d’un insolent. George s’en alla, persuadé qu’il existait un mystère d’iniquité dans la disparition de sa sœur, et qu’Alfred était de complicité avec sa tante. Milord Cramburn le pensa de même, et conseilla à son ami de s’adresser à de célèbres jurisconsultes pour savoir si la famille n'avait pas le droit de faire assigner miss Tilbury, à l'effet qu'elle ait à représenter sa nièce.

CHAPITRE V.

LES premiers jours qui suivirent celui
de la disparition d'Adolphina se passè-
rent, à Shelter-House, sans événement
remarquable. Esther paraissait très-con-
tente; cependant elle ne voyait pas sans
dépit l'air de tristesse qui était répandu
sur le visage de tous les domestiques.
Adolphina était bonne; on la chérissait, et l'espoir qu'à sa majorité elle
prendrait les rênes du gouvernement
de la maison, les avait seul engagé à
supporter l'inégalité d'humeur, et les
fréquentes injustices de miss Tilbury.
Ils ne purent se décider à rester au service de cette méchante femme, et déjà
ils avaient fixé l'instant où ils deman-

draient leur congé. Tout à coup la
figure d'Esther s'assombrit ; elle devint
rêveuse, soucieuse : l'humeur, l'inquiétude et l'impatience se peignaient
alternativement dans ses regards ; ses
yeux étaient constamment fixés sur l'a-
venue. A peine prenait-elle le temps de
manger : six minutes suffisaient pour
terminer son dîner, et sur-le-champ elle
revenait à son poste. Ses gens se dou-
taient qu'elle attendait quelqu'un, et
ce quelqu'un ne pouvait être qu'Alfred.
Le huitième jour, elle aperçut un
homme à cheval, et un cri de joie lui
échappa. Josepha, qui arrangeait un
meuble dans la salle, l'entendit ; elle
s'avance, et voit un cavalier qui arrive
au galop. Bientôt on peut distinguer les
traits du voyageur ; Esther ne put s'empêcher de dire en soupirant : — Ce n'est
pas lui. — Madame attend quelqu'un ?
demande la jeune fille. Miss Tilbury

ne répond pas ; elle se retire de la fenêtre, et ordonne à Josepha d'aller
dire à l'homme qui descend de cheval
de venir lui parler. L'exprès est introduit : il remet une lettre. Esther lui dit
d'aller en bas attendre sa réponse ; elle
déchire plutôt qu'elle n'ouvre la lettre.
Une exclamation de colère interrompt
de temps en temps sa lecture. — Négligence impardonnable !... Ne devait-il
pas prendre des précautions ?... Je vais
être indignement compromise.... elle
parlera, et je serai couverte de honte.
Un enfant m'eût mieux secondé : tout
allait si bien !... Des soupçons ne sont
pas des certitudes : sans preuves, je
pouvais nier ; mais quand elle-même
dira... la vérité...., que pourrai-je répondre? Malheureux! vous nous avez
perdus l'un et l'autre. La curieuse Josepha avait feint de sortir ; mais, pro-
fitant du trouble de miss Tilbury, elle

II.   8

s'était coulée dans un cabinet où l'on serrait des robes ; elle ne perdit pas un mot du monologue d'Esther. Moins surprise qu'indignée, elle se promit d'instruire lady Lovering et M. Tilbury de ce que le hasard lui avait fait découvrir ; impatiente de remplir ce but, elle allait sortir de sa cachette, quand Esther tira le cordon de la sonnette. — Faites entrer l'homme qui a apporté cette lettre. Le commissionnaire est introduit. — Dites à celui qui vous a envoyé, qu'avant de rien entreprendre, il faut que je le voie ; qu'il vienne de suite. — Mais, madame, je ne trouverai plus ce monsieur ; il était parti avant que je ne me misse en route : ce n'est pas lui qui m'a remis la lettre. L'hôte de Blackhead, * qui sait combien j'ai besoin de gagner de l'argent,

* La Tête Noire.

m'a dit : — Allez porter cette lettré à
Shelter-House; on vous payera là gras-
sement votre message. — D'où êtes-
vous ? — De B***, à neuf milles de Bris-
tole. J'étais à l'auberge, quand une
dame et un monsieur montèrent dans
une chaise de poste : les chevaux furent
mis au grand trot. — Vous êtes sûr qu'il y
avait une dame dans la chaise ? — Bien
sûr. — Une jeune femme ? — Oh ! je
n'ai vu que sa robe ; celui qui était avec
elle a eu soin de fermer les glaces et
les stores. Après avoir payé le messager,
Esther le renvoya. A peine fut-il dehors de la chambre qu'elle se tordit les
bras. — Ainsi, dit-elle, ta lettre n'est
remplie que de mensonges ; elle a fui,
m'écrit-il, et il part avec elle. Le scélérat, abusant de ma sotte crédulité, a
su tirer de moi mille guinées pour enlever ma rivale. J'ai été jouée, trompée, et je n'ose même me plaindre. Il

faut que je cache ma honte, ma colère et ma douleur : c'est moi qui les ai réunis. Hélas ! j'ai creusé moi-même l'abîme où je suis tombée ; mais patience, un jour viendra peut-être où je pourrai venger un si sanglant outrage. Un mouvement que fit Josepha éveilla l'attention de miss Tilbury, qui se leva pour voir ce qui avait causé le bruit. La femme de chambre, voyant qu'elle allait être découverte, préféra sortir d'elle-même. — Que faisiez-vous là ? demanda Esther d'un son de voix courroucé. — J'arrangeais les robes. — Dites plutôt que vous écoutiez. — Jamais je ne m'occupe des affaires d'autrui. — Vous avez entendu ce qui s'est dit ici ? — O mon Dieu ! non : est-ce que cela me regarde ? Esther avait ses yeux fixés sur ceux de Josepha ; celle-ci prit un air d'insouciance, et continua à arranger dans la chambre. — Si vous

répétez un mot de ce que vous avez pu
entendre, je vous ferai repentir de
votre indiscrétion. — Quoi répéter? je
n'ai rien entendu, ou plutôt rien com-
pris. Les maîtres ont une manière de
s'exprimer qui n'est pas à la portée de
tout le monde, et surtout d'une fille
simple telle que moi. La figure fine et
maligne de Josepha contrastait avec
son discours ingénu; néanmoins miss
Tilbury s'y laissa prendre. — Une autre
fois, lui dit-elle avec assez de douceur,
vous vous retirerez quand votre service
ne sera pas nécessaire. — Jusqu'au moment où miss aura remplacé sa femme
de chambre, ne suis-je pas obligée de
la servir? — Sans doute, mais il ne faut
pas rester quand vous me voyez occupée. — En ce moment miss est-elle occupée? — Oui. Josepha se hâta de sortir, et sur-le-champ elle écrivit à lady
Lovering et à M. Tilbury. « Je ne puis

vous aller trouver, leur marquait-elle ;
cependant il est indispensable que je
vous instruise de ce que je viens d'apprendre : si vous voulez vous trouver
demain, à six heures du matin, au pa-
villon de l'Echo, je vous y attendrai. »
Le frère et la sœur se rendirent au rendez-vous ; la jeune fille leur fit part de
tout ce qu'Esther avait dit. Il ne restait
aucun doute que l'enlèvement d'Adolphina n'eût été fait par Alfred, et de
l'aveu d'Esther ; mais il était aussi très-
certain que le scélérat Worm avait
trompé sa complice. Quel autre motif
qu'un amour effréné pouvait avoir guidé
ce misérable ? Ainsi l'infortunée sœur
de Théodosia se trouvait à la merci du
plus vil des hommes. La rage qu'é-
prouva George ne peut être comparée
qu'au désespoir de sa sœur : l'un et
l'autre voulaient aller trouver miss Tilbury, et la forcer à avouer l'infamie de

son action. Josepha leur fit observer que cette voie de rigueur empêcherait qu'on pût acquérir de nouvelles informations. — En affectant beaucoup de sécurité, c'est le moyen de pouvoir observer avec avantage. — Mais aussi, s'écria George, quelle lenteur entraînera cette mesure ! Néanmoins, comme c'était la seule qui pouvait conduire à d'heureuses découvertes, il fallut l'adopter. Il fut bien recommandé à Josepha de ne perdre de vue aucune des démarches de miss Tilbury, et surtout de tâcher d'intercepter les lettres qui pourraient lui arriver. Après être convenu de la manière dont on se communiquerait ses découvertes, on se sépara.

Il avait été ordonné à tous les gens de garder le secret sur le nouvel enlèvement d'Adolphina. Ceux de milord Cramburn et de sir Joseph avaient suivi leurs maîtres, sans connaître l'objet de leur expédition ; mais est-il probable qu'un secret confié à douze ou quinze personnes puisse être religieusement observé ? Urban, le valet de chambre de l'Américain, l'apprit, et en fit part à son maître. Cette nouvelle causa la plus grande peine au bon Eversfield ; il chérissait les deux sœurs comme si elles eussent été ses enfans. Vite il ordonna qu'on mît les chevaux à sa voiture, et se rendit à Romantic - Lodge. En abordant lady Lovering, il vit, à son air triste, qu'elle connaissait l'affreux événement. Ce fut une douceur pour eux de mêler leur chagrin et leurs inquiétudes. Henri donna un léger espoir à Théodosia, en lui promettant d'envoyer à la découverte Urban et Noak, deux hommes dont il était parfaitement sûr, et qui avaient pour lui le plus sincère attachement ; il fit part aussi à lady Lovering du projet qu'il avait formé d'aller à Shelter-House. — Malgré le caractère astucieux d'Esther, peut-être me sera-t-il possible de la trouver en défaut. Théodosia secoua la tête. — Croyez, dit-elle, que ma tante ne s'exposera pas à ce danger : vous n'entrerez point. — Nous verrons. Au reste, ce sera une preuve de plus qu'elle est coupable. — Helas ! nous n'avons pas la légère consolation d'en pouvoir douter : le rapport de Josepha lève toute incertitude à ce sujet. — Combien il est heureux pour votre respectable père de n'avoir pas assez vécu pour voir ce comble d'infamie. Il est plus affreux qu'on ne peut l'exprimer d'avoir à rougir de la conduite d'une sœur.... — Ah ! c'est la mort de mon père et de ma mère qui a occasioné toutes nos peines. Ma tante crai-

gnait M. Tilbury. — Un cœur fonciè-
rement vicieux surmonte toutes les
difficultés pour favoriser ses passions.
Esther se serait cachée davantage, mais
elle n'eût pas été meilleure. En partant,
M. Eversfield promit à Théodosia de
la voir après sa visite à miss Tilbury.

Le lendemain il se présenta à Shelter-House : le portier, qui n'était plus
le même, le fit attendre pour, disait-
il, savoir si miss Tilbury était visible.
Il appela un valet que Henry ne reconnut pas plus que le portier. Cet
homme regarda M. Eversfield avec
beaucoup d'attention, puis lui demanda son nom. Ne pas mentir eût été se
donner lui - même son audience de
congé. — Votre maîtresse ne me connaît pas ; dites - lui seulement que je
lui apporte des nouvelles qui lui fe-
ront plaisir. — Avez-vous une lettre à
lui remettre ? — Non ; on m'a chargé

de lui rendre compte de vive voix. Mais, mon ami, un mot suffira pour qu'elle devine ce qui m'amène : je suis envoyé par un de ses amis dont le nom est Alfred Worm. L'homme alla prendre les ordres de sa maîtresse qui, d'après l'exposé, témoigna beaucoup d'impatience de voir l'inconnu. Quand Henri se présenta, elle devint pâle et tremblante ; puis, se rassurant presque aussitôt, elle prit un air de fierté, et demanda à l'Américain de quel droit il usait de stratagème pour forcer sa porte ? — Tous les moyens sont bons quand il s'agit de confondre les méchans. — Vos injures me touchent peu, mais elles me déplaisent ; et, pour les faire cesser, je vais vous faire mettre hors de chez moi par mes gens. M. Eversfield tira un pistolet de sa poche, et, le montrant à Esther, il menaça de jeter à ses pieds le premier qui aurait l'audace de l'approcher. — Ainsi , dit miss Tilbury transie de frayeur, vous êtes un assassin ? — Je suis un honnête homme indigné de votre exécrable conduite. Voyant qu'Esther tâchait de gagner le cordon d'une sonnette , il lui présenta la bouche du pistolet. — Si vous bougez , vous êtes morte. — Juste ciel ! que dois-je faire ? — Vous asseoir tranquillement, et répondre avec vérité toutes mes questions. — Mais vous n'avez pas le droit de m'en faire. Henri lui montra l'arme de nouveau : elle se replaça sur le canapé , plus furieuse que résignée. — Où avez-vous fait conduire votre nièce Adolphina ? — Elle est partie volontairement avec l'homme qu'elle aime depuis long-temps. — Qui est cet homme ? — Un jeune et beau garçon. — Son nom ? — Je l'ignore. — Vous en imposez. Et l'Américain s'approcha. — Je crois.... Eloignez-vous, de grâce, vous me faites une peur mortelle. — Que croyez-vous ? —Qu'il s'appelle Worm. — Le scélérat ex-précepteur ? — Non, non ; ce n'est pas Alfred, c'est son parent. — Malheureuse femme ! vous avez voulu sacrifier la fille de votre frère à votre indigne passion pour un misérable aventurier, la fille de celui qui a pris soin de vous, et qui vous a légué une fortune dont vous êtes si peu digne. — Hélas ! dit-elle en soupirant, je suis bien mal payée de tous mes sacrifices : l'ingrat m'abandonne, et me préfère Adolphina. — Ainsi ce parent est un être imaginaire ? — Je le crains. — Vous ne le connaissez donc pas ? — Alfred m'a assuré qu'il aimait ma nièce, et qu'il en était aimé ; persuadée qu'elle serait heureuse, je me suis prêtée à son enlèvement. — Où ce scélérat devait-il la conduire ?

— A Bristol , où il m'avait dit que son cousin l'attendait ; mais j'ai eu la preuve qu'Alfred m'en avait imposé : c'est lui qui sans doute aime Adolphina, et c'est pour lui qu'il l'a enlevée. Voyant qu'il ne pouvait avoir aucun renseignement plus positif, M. Eversfield quitta Esther. En sortant, il rencontra Josepha qui lui fit beaucoup de signes auxquels il ne comprit rien.

Miss Tilbury avait trompé Henri en lui disant qu'il avait été question de marier sa nièce avec un parent d'Alfred ; voici quels avaient été ses projets. Adolphina devenue majeure , il fallait lui rendre compte, et la mettre en possession de son bien ; chose impossible, puisque les libéralités d'Esther envers Alfred avaient mis un fort grand désordre dans sa gestion : en éloignant sa nièce, sans qu'on sût où elle était , elle restait toujours tutrice, et jouissait de la fortune, du moins pendant un temps. Worm lui avait assuré qu'il remettrait la jeune personne entre les mains d'un homme à son entière dévotion, qui partait pour Surinam, et qui emmenerait Adolphina avec lui.

A peine M. Eversfield avait-il quitté l'appartement de miss Tilbury, que Worm s'y présenta. Esther fit un cri en le voyant, et courut à lui les bras ouverts : son air sombre l'intimida ; cependant elle lui témoigna le plaisir qu'elle éprouvait à le revoir. — Comment avez-vous pu, lui dit-elle, laisser échapper Adolphina ? — Qui peut se faire une idée de la fausseté des femmes ? — Mon cher Alfred, elles ne sont pas toutes fausses. — Peu méritent des exceptions ; votre nièce m'a indignement trompée. — Comment cela ? — En arrivant à B***, elle me parut si malade que je consentis à descendre dans une auberge. A peine put-elle se traîner jusqu'à la chambre qu'on lui destinait : ses évanouisse-mens se succédaient, et je craignais qu'elle n'expirât. Imbécille! comme je fus pris pour dupe ! Une jeune servante de l'auberge resta avec elle pour l'aider à se coucher : j'attendais son retour, dans une pièce voisine, pour savoir des nouvelles de la malade. — Après avoir pris un bouillon, dit cette fille, la pauvre dame s'est endormie. Je fis placer un lit dans la chambre où j'étais ; personne ne pouvait entrer ou sortir de la chambre de votre nièce que je ne les visse. Mon sommeil fut agité ; je me levai au point du jour, et je frappai doucement à la porte d'Adolphina, afin que la servante, qui avait dû la veiller, vînt m'ouvrir. Personne ne répond. Je frappe en-

core : même silence ; je tourne la clef :
un verrou est poussé en dedans ; j'appelle : on vient. — Attendez, me dit
l'hôtesse : je vais entrer dans la chambre par l'autre porte. — Il y a deux
portes à cette chambre m'écriai - je,
pressentant ce qui était arrivé. Hélas !
ma crainte se réalisa ; je suis l'hôtesse ;
nous entrons dans la chambre : Adolphina et la servante n'y sont pas. Ne
voulant pas me donner en spectacle
devant plusieurs valets qui étaient pré-
sens, je renfermai ma rage, et feignis
de regarder ce départ comme une plaisanterie. Mon premier soin fut de vous
écrire, tandis qu'on préparait ma voiture : en y montant je chargeai l'hôte
de vous envoyer ma lettre. Le temps
qui s'est écoulé depuis a été employé
par moi à parcourir tous les environs :
je me suis déguisé pour avoir accès,
sans exciter les soupçons, dans les plus

pauvres habitations. Fatigué de l'inu-
tilité de mes démarches, je suis revenu vous confirmer l'affreuse nouvelle
qui peut avoir des suites horribles pour
nous. — Votre messager m'avait assuré
qu'il vous avait vu monter en carrosse
avec une dame. — Sans doute il a confondu. Je me rappelle qu'il est parti
des voyageurs avant moi ; j'ignorais
s'il y avait une femme : cette circonstance est de si peu d'importance. —
Certainement cela ne peut nous intéresser. — On m'a dit en arrivant que
M. Eversfield était avec vous : ne voulant voir personne avant de vous avoir
parlé, j'ai attendu son départ pour entrer. Esther rendit compte à Alfred de
tout ce qui s'était passé depuis qu'il
avait quitté Shelter-House ; les menaces de milady Lovering, celles de
George, ainsi que la manière malhon-
nête avec laquelle l'Américain venait

de la traiter ; tout lui fut exactement récité. —Je ne puis croire, dit Alfred, que l'on ose en venir à aucune fâcheuse extrémité envers vous. Il n'en est pas de même de moi : c'est fort inconsidérément que vous êtes convenue que j'étais parti avec votre nièce ; on me forcera de dire ce qu'elle est devenue, et même de représenter le parent que vous avez dit être aimé d'Adolphina ; il faut absolument que je m'éloigne pour quelque temps. — Je ne puis y consentir, à moins que vous ne m'épousiez avant ; alors vous aurez les mêmes droits que moi aux égards ; et, supposant que ma nièce revienne, ce que je ne crois pas, je lui persuaderai que vous la conduisiez dans un lieu où devait se trouver un homme qui a pour elle la plus violente passion. Alfred fit vainement des objections pour retarder un mariage qui n'entrait pas dans ses arrangemens; Esther ne voulut rien écouter. — Je vais envoyer chercher le nouveau vicaire ; depuis long-temps il est pourvu des papiers nécessaires ; il nous mariera avant la fin du jour , et vous partirez demain de grand matin. Worm paraissait fort peu disposé à céder aux désirs de miss Tilbury. — Que signifient , dit-elle, tant d'hésitations ? Ce sont vos éternels délais qui sont cause de tout ce qui arrive ; les soupçons qui planent sur vous n'existeraient pas si vous étiez mon mari. Choisissez ; devenons époux, ou remettez-moi les mille guinées que je vous ai confiées. —Adolphina a eu l'adresse de s'en emparer. Esther parut réfléchir. — Quelqu'invraisemblance qui se trouve dans ce que vous me dites, je vous crois, et je vous donnerai encore 500 livres sterlings. — Songez bien qu'il est indispensable que je m'éloigne. — Vous reviendrez bientôt : pendant votre absence, je disposerai si bien les esprits que vous n'éprouverez aucun désagrément à votre retour. Le vicaire fut mandé ; et, avant l'heure du dîner, Esther eut la félicité suprême de voir son sort lié à celui d'un homme qu'elle aimait avec idolâtrie. Les nouveaux mariés se mirent à table dans des dispositions bien opposées : Alfred était triste et pensif ; mistress Worm avait une figure rayonnante de bonheur.

CHAPITRE VI.

LES signes que Josepha adressait à M. Eversfield, et qu'il ne put comprendre, étaient pour lui annoncer le retour d'Alfred. Le zèle de cette fille fut en partie paralysé par une ridicule fantaisie qui prit à sa maîtresse de se vêtir en mariée ; il fallut que Josepha la coiffât avec un très-petit bonnet ; elle voulut porter une robe blanche garnie de roses de la même couleur. Esther, qui désirait que tout le monde fût instruit de son mariage, ordonna à sa femme de chambre de ne pas quitter son appartement : elle exigea aussi qu'outre les témoins nécessaires, le reste des gens fût présent à la cérémonie.

Malgré le désir qu'avait Josepha de
faire savoir à lady Lovering ce qui se
passait, il lui fut impossible de s'absen-
ter un instant. Persuadée que M. Worm
et son épouse se leveraient un peu tard,
elle se disposa le lendemain, dès le
point du jour, à aller à Romantic-
Lodge, presque certaine de ne rencontrer personne sur son chemin; mais
elle fut encore déçue dans son espoir.
Au moment où elle traversait la cour,
elle vit Alfred monter à cheval, et s'é-
loigner au grand galop, en lui disant
adieu. Aucun des gens n'était encore
debout. Elle persévéra dans son projet,
et se mit en route. Arrivée à Romantic-
Lodge, elle demanda à parler à milady :
on l'introduisit sur-le-champ. Théodosia, sans rien comprendre à la conduite
de Worm, qu'elle avait soupçonné être
amoureux de sa sœur, entrevit la possibilité qu'Adolphina eût échappé à

son ravisseur. Pour ne pas éveiller les soupçons de sa tante, elle renvoya tout de suite Josepha dans un cabriolet qu'elle devait quitter avant d'atteindre Shelter-House.

Sir Joseph était absent. Théodosia écrivit à son frère de se rendre immédiatement près d'elle, qu'il s'agissait d'une chose très-pressée. George venait de partir pour la chasse : on remit à milord Cramburn le billet, qui n'était pas cacheté, et dans lequel milady Lovering déplorait l'absence de son mari. John en prit lecture. Sans réfléchir, et n'envisageant que le besoin que Théodosia témoignait avoir de quelqu'un, il fit seller un cheval, et, sans aucune suite, il se rendit à Romantic-Lodge. En le voyant entrer, Adolphina tressaillit, et son visage changea de couleur. Frappé de l'extrême agitation qu'elle ne put cacher, lord John

se sentit tellement interdit qu'il semblait hésiter s'il resterait. Cependant
il prit un peu de courage, et, d'une
voix tremblante, il balbutia que George
étant à la chasse, et qu'ayant lu dans le
billet de milady qu'une affaire pressée
nécessitait la présence de... quelqu'un,
il avait osé prendre la liberté de venir
offrir ses services; que cependant si
sa démarche n'avait pas l'approbation
de milady, il allait se retirer, en la
priant d'excuser son indiscrétion. Ce
discours, lentement et à peine arti-
culé, donna le temps à Théodosia de
se rassurer; forte d'ailleurs de son innocence, elle cessa de redouter qu'on
pût mésinterpréter sa conduite. Elle
confia à milord, non-seulement ce que
venait de lui apprendre Josepha, mais
aussi ses soupçons et ses craintes relativement à sa sœur, et l'espoir qu'elle
avait conçu que la pauvre Adolphina

II.   10

n'était plus au pouvoir de Worm.
— L'air chagrin de ce misérable, ajouta-t-elle, en était presqu'une certitude.
Lord John, absolument de son avis, lui demanda ses ordres, lui jurant de les remplir au péril de sa vie. Reconnaissante d'un dévouement aussi désintéressé, Théodosia était loin de penser qu'elle lui eût inspiré une passion qui faisait le malheur de sa vie ; elle lui fit des remercîmens avec l'expression de la plus grande sensibilité, et le pria de se joindre à son frère pour faire de nouvelles recherches. Elle lui témoigna aussi le désir qu'il vît M. Eversfield, qui sûrement ne refuserait pas de prendre aussi sa part des démarches qu'il fallait faire le plus promptement possible. Lord John promit de ne rien négliger pour découvrir où se trouvait Adolphina. Le jeune homme, enhardi par le ton de bonté de lady Lovering,

osa prendre la main de cette charmante femme ; et, la portant à ses lèvres, il prononça tout bas le serment
de l'aimer éternellement. En ce moment la porte s'ouvre, et sir Joseph
s'avance d'un air furieux. Milord avait
laissé aller la main de Théodosia ; et,
confondu non-seulement de l'appari-
tion du baronnet, mais de la manière
outrageante dont il se présentait, il
parut tout-à-fait décontenancé. —
Femme infidèle ! s'écria sir Joseph ; je
viens enfin de l'acquérir l'odieuse certitude de votre fausseté. Quant à vous,
milord, je me réserve à vous prouver,
dans un autre lieu, tout le mépris que
mérite un séducteur. Outré de la dureté et de l'injustice de sir Joseph, lord
John voulut entreprendre de lui prouver que même les apparences ne pouvaient autoriser la scène déraisonnable
qu'il faisait à sa vertueuse épouse. —

En essayant de la justifier, répliqua le baronnet, vous la rendez encore plus coupable à mes yeux. Théodosia, avec une noble assurance, lui tendit la main. — Je vous proteste, mon ami, que vos soupçons m'affligent sans m'offenser : calmez-vous, et veuillez m'entendre; ensuite vous avouerez vous-même que vous avez eu tort de juger avec autant de légèreté. Loin de prêter l'oreille à la demande de milady, il lui lança un regard terrible, et sortit en faisant signe à lord John de le suivre. Ce dernier, lisant sur la figure de Théodosia la plus vive inquiétude, lui jura de ne pas oublier que sir Joseph était l'époux de la plus méritante des personnes de son sexe; puis, lui faisant un salut respectueux, il se rendit à l'invitation du baronnet. Celui-ci le conduisit, en marchant très-vite, à l'endroit le plus couvert du jardin.

Aveuglé par la colère, il demanda impérieusement au jeune homme de lui
faire raison de l'insulte qu'il en avait
reçue, sans faire attention qu'ils étaient
tous les deux sans armes. — Je ne vous
ai point insulté, répondit milord, ainsi
je ne vous dois aucune réparation. Lisez ce billet, ajouta-t-il, en tirant de
sa poche celui de Théodosia, et vous
verrez que lady Lovering désirait la
présence de son frère uniquement.
George étant à la chasse, j'ai cru devoir m'offrir pour le remplacer dans
tout ce qu'il serait en mon pouvoir de
faire. Sir Joseph repoussa avec dedain
la main qui lui présentait le papier. —
Je n'ai point été abusé; j'ai vu : pourrez-vous nier que vous teniez et baisiez la main de la perfide? — Vous savez fort bien que cette légère faveur
s'accorde sans aucune conséquence :
franchement, étiez-vous l'amant de

toutes les femmes dont vous avez baisé les mains ? — Il vous sied mal de plaisanter, milord; je vous tiens pour un lâche, si vous refusez de vous mesurer avec moi. — Donnez à mon refus le nom que vous voudrez; mais très-certainement je ne me battrai pas avec vous. — Je vous y forcerai. — Cela serait un peu difficile, surtout en ce moment.— C'est trop perdre de temps: finissons. — Mais, sir Joseph, où sont les armes dont nous ferons usage? — J'oubliais; attendez-moi quelques minutes : je ne serai pas long-temps. — Je vous préviens, sir Joseph, que vous ne me retrouverez plus. — Ainsi vous joignez la poltronnerie à la juste dénomination d'infâme suborneur. — Sir Joseph, je vous salue; quand vous serez plus de sang-froid, vous applaudirez à la prudence d'un homme qui n'est ni un lâche ni un suborneur. Le baronnet, écumant de rage, saisit le bras de lord John. — Vous ne me quitterez pas ainsi : non, pardieu ! je ne vous laisserai pas échapper à la punition qui vous est due. — Encore une fois, nous sommes sans armes. — Eh bien ! dit le forcené en ôtant son habit, il est une autre manière pour terminer ce différent. — Cette manière n'est pas la mienne , dit froidement le jeune homme ; et, regardant avec mépris l'être dégradé qui était devant lui , il s'en éloigna avec dégoût.

Cette scène ne fit d'autre impression sur milord Cramburn , que de lui inspirer un redoublement d'intérêt pour la femme d'un pareil furieux ; il pensa, avec raison , que sa démarche inconsidérée serait la cause de nouveaux chagrins pour Théodosia. Hélas ! il avait fait le mal , et ne pouvait le réparer : du moins il se rendrait digne de la confiance que lui avait témoignée lady Lovering, en s'acquittant scrupuleusement de ses ordres. Avant de retourner à Little-Hill, où George ne devait revenir qu'à la nuit, il se fit conduire à Nothing - Place, afin de prévenir M. Eversfield des événemens survenus à Shelter-House, depuis la visite qu'il y avait faite la veille. Les premières paroles de l'Américain étonnèrent le jeune lord. — Il est temps qu'une pareille inconduite prenne fin; je ne souffrirai pas que cette créature abominable continue à déshonorer sa famille, dit-il en colère : qu'elle tremble, l'instant de la punition approche. Presque hors de lui, il se promenait à grands pas, sans s'apercevoir de l'air de surprise que manifestait milord Cramburn. Après quelques minutes de silence, il recouvra toute sa raison, et adressa des excuses à lord John, pour s'être livré à un premier mouvement qu'il n'avait pas été maître de réprimer; et, avec plus de sang-froid, il demanda ce qu'il pensait qui pouvait être fait pour accélérer la découverte du lieu où le misérable Alfred avait conduit sa victime. Il ne fut nullement de l'avis de Théodosia, qui pensait que sa sœur avait pu s'échapper. — Puisque Worm est reparti de Shelter-House, c'est une preuve qu'il avait encore Adolphina en son pouvoir : devenu l'époux d'Esther, il serait resté près d'elle, pour en tirer le plus d'argent qu'il aurait pu, et l'abandonner ensuite. Telle sûrement eût été la conduite de ce scélérat. Milord et l'Américain se quittèrent, en se promettant mutuellement de ne négliger aucun moyen pour délivrer la trop malheureuse Adolphina.

En apprenant que son ex-précepteur était devenu l'époux de sa tante,

George entra dans la plus grande colère. — Je vais exterminer le coquin, dit-il en voulant se mettre sur-le-champ en route pour Shelter-House. Ce fut avec beaucoup de peine que son ami lui fit entendre qu'il ne le trouverait pas. — Alfred est absent, à la bonne heure, dit le jeune Tilbury, et ce n'est que partie remise; il ne m'échappera pas. Mais, par le Ciel! je tiendrai la parole que j'ai donnée à cette vieille folle que je rougis d'avoir pour tante : elle quittera Shelter-House, et demain j'irai lui en signifier l'ordre. — Elle est sœur de votre père. — Miss Tilbury avait des droits à mes égards; mistress Worm m'est étrangère. — George, réfléchissez avant d'en venir à cette extrémité. — Mille ans de réflexions ne me feraient pas désister, à moins que l'imprudente créature ne jure de ne jamais recevoir l'infâme vaurien, —

Vous êtes fou , mon ami , d'exiger qu'une femme qui vient de se marier par amour, ferme sa porte à son mari. — Malédiction sur un amour qui conduit à de pareilles sottises. Tenez, John, renoncez à me faire changer sur le compte de ce couple perverti. Je vous suis fortement attaché; c'est à vous que je dois de n'être pas resté un très-mauvais sujet : j'aime à le dire ; cependant je vous préviens que je ne souffrirai pas que l'habitation de mes honorables parens soit souillée par la présence de deux êtres également immoraux. — Si nos démarches, pour suivre les traces de votre sœur, sont infructueuses, il ne nous restera que l'espoir de surveiller toutes les actions de Worm : en l'éloignant nous perdrons totalement le fil qui pourrait un jour nous conduire à d'heureuses découvertes. — Je ferai sommer le misérable de représenter Adolphina : Esther a avoué qu'il l'avait enlevée. — Si la justice s'en mêle, elle le niera, et il n'existe aucune preuve. — Elle est convenue avec M. Eversfield qu'Alfred était avec sa nièce. — Elle n'en conviendra pas : vous donnerez de la publicité à cette aventure, sans en retirer le plus léger avantage. — Vous trouvez des obstacles à tout ; que me conseillez-vous donc de faire ? — Rien d'ostensible : tout ce qui ne pourra compromettre la réputation de votre sœur et l'honneur de votre famille. Par exemple, je tâcherais de m'emparer de Worm, et, par des offres et des menaces, je lui ferais confesser la vérité. — Où en est la possibilité ? il est, dites-vous, parti. — Il reviendra, et alors la chose sera facile. Ce moyen peut réussir : il devient nul, si vous persistez à renvoyer votre tante de Shelter-House. — Eh bien! j'attendrai; mais je ne me désiste pas pour cela de mon absolue détermination.

Lord John avait, certes, un grand mérite à s'occuper des affaires des autres, quand les siennes étaient dans l'état le plus pitoyable. Il se retira dans sa chambre pour pouvoir gémir en liberté sur l'issue malheureuse qu'avait eue sa démarche inconsidérée. La tête de George était trop mal montée pour lui avoir communiqué ses propres peines. Si George eût été informé de la conduite injurieuse de sir Joseph, il eût voulu aller à l'instant-même à Romantic - Lodge, provoquer son beau-frère, et le forcer à se battre avec lui: ce qui aurait rendu le sort de Théodosia cent fois plus misérable. Il n'avait cependant pas l'intention d'en faire un mystère à son ami : leur mutuel attachement ne permettait pas qu'ils eussent rien de caché l'un pour l'autre; mais il se proposait de choisir un moment où il serait calme, et capable d'écouter la raison. Tout en blâmant sa propre conduite, lord John trouva quelque douceur à se rappeler avec quelle bonté lady Lovering l'avait accueilli : le tréssaillement qu'il avait aperçu en elle, quand il se présenta, pouvait être l'effet d'une surprise désagréable, ou celui d'une sensibilité qui craint d'être devinée. Dans cette incertitude, quel est l'homme amoureux qui n'eût pas adopté la chose la plus favorable à ses désirs? Il lui sembla que jamais le son de voix de Théodosia n'avait été plus doux. En lui rendant compte du rapport de Josepha, ses beaux yeux étaient fixés sur les siens; il y lisait de la confiance, de l'amitié : jusque-là il n'y avait aperçu que de l'indifférence. Quand il s'était permis d'oser prendre sa main, elle ne s'y était pas opposée, et n'avait fait aucun effort pour la retirer; il la portait à ses lèvres; peut-être aurait-il eu la hardiesse de la presser sur un cœur qui n'avait jamais battu que pour elle.... Hélas! l'arrivée de... l'homme qu'il haïssait le plus au monde, a terminé d'une manière affreuse l'instant le plus heureux qu'il eût passé de sa vie. Les injures qu'il avait reçues de sir Joseph n'excitèrent que son mépris; mais quand il se représentait avec quelle atrocité ce méchant homme avait traité la plus adorable des femmes, son sang bouillonnait dans ses veines; il se repentait d'avoir refusé de se mesurer avec lui.—Du moins, j'aurais affranchi son épouse infortunée du joug odieux dont il l'accable. Cette pensée n'eut que la durée d'un éclair. Tout ce qui tenait à la céleste Théodosia avait des droits à ses égards. Le baronnet était un homme barbare ; mais il était l'époux de celle qu'il adorait ; et si ce titre en était un a sa haine, c'en était un aussi pour respecter ses jours. Sa vertu n'allait pas jusqu'à former des vœux pour préserver sa vie ; cependant il aurait été désolé d'être volontairement la cause de sa mort.

CHAPITRE VII.

Aᴅᴏʟᴘʜɪɴᴀ avait contracté l'habitude de faire une assez longue promenade avant l'heure du déjeuné ; il ne parut donc pas extraordinaire aux gens de la voir sortir vers sept heures du matin. On se rappelle qu'elle ne revint pas, et que miss Tilbury arrangea fort mal une histoire absurde pour justifier l'absence de sa nièce. Il est temps de faire connaître une partie de la vérité ; on n'a peut-être pas oublié le mystère impénétrable de la disparition d'Adolphina, au moment où elle voulut pénétrer dans *Wokey-Hole*. Le secret qui fut exigé par M. Tilbury ne tenait qu'à ne pas divulguer qu'il y en avait un ;

car tout le monde et lui-même ne connaissaient aucune des circonstances relatives à cet étrange événement. Adolphina s'était dit engagée par serment à se taire, et elle avait observé scrupuleusement sa promesse : jamais un mot ne lui échappa qui pût révéler ce qui devait rester caché. L'aimable fille avait horriblement souffert de ne pouvoir ouvrir son cœur à son père, à sa sœur, deux êtres qu'elle chérissait jusqu'à l'adoration ; mais elle avait juré de ne rien dire. En outre, un intérêt bien vif, puisqu'il avait rapport à la tranquillité de sa famille, la forçait au silence : cependant ce fatal secret était connu de Worm. Je ne dirai pas comment il l'avait surpris, mais il était parfaitement instruit : Adolphina ne l'ignorait pas, et cette malheureuse circonstance la mettait dans le cas de le ménager. Hélas ! son sort était tel, qu'il la forçait à user souvent d'une sorte de condescendance envers l'homme qu'elle craignait et méprisait également. A peine avait-elle gagné un bosquet assez touffu, avoisinant une petite porte qui donnait dans les champs, et qu'elle savait condamnée depuis long-temps, qu'Alfred se présente à elle. Sans préambule, il lui signifie qu'il a reçu l'ordre de sa tante de la conduire chez une de ses amies ; vainement l'infortunée cherche à éluder l'exécution d'un ordre aussi étrange, et dont elle doute de la sincérité. — Je pourrais, dit-il, et vous le savez bien, me dispenser de vous satisfaire à cet égard ; néanmoins je veux bien vous prouver que vos conjectures sont fausses, et il lui montra un écrit d'Esther, qui l'autorisait à accompagner sa nièce chez la personne dont ils étaient convenus ; et dans le cas où Adolphina résisterait, elle lui permettait de la contraindre par force à l'obéissance. La sœur de George demeura sans voix ; on voyait qu'il se passait en elle un combat déchirant. — serais-je obligé, lui demanda Worm, d'user de violence ? Dites que vous voulez rester ici, et je me conforme à votre désir ; mais vous n'ignorez pas à quelle condition. Rentrons ensemble, et.... plus de mystère, tout le monde saura...— Partons, s'écria Adolphina, en portant ses deux mains à ses yeux ; plutôt mourir dans les tortures. Alfred lui saisit le bras, ouvrit la porte, dont il s'était procuré une clef, et la fit monter dans une chaise qui attendait en dehors. Le postillon prit la route de Bristol. L'abattement d'Adolphina était si grand, que son ravisseur craignait à tout moment de lui voir perdre connaissance, et quoiqu'il eût projeté de ne s'arrêter qu'au lieu où ils étaient

attendus, Worm se vit contraint, afin
peut-être de sauver la vie à sa compagne, de s'arrêter à B...., pour y passer
la nuit. On sait que miss Tilbury avait
donné mille livres sterlings à Alfred.
Une très-grande partie de cette somme,
sans doute, était destinée à être remise
entre les mains d'un homme qu'elle
croyait qui se chargerait de sa nièce,
et qui l'emmenerait à Surinam : tel était
l'arrangement avoué à Esther. Celui
d'Alfred était tout-à-fait différent ; il
voulait s'emparer en même temps de
la fille et de l'argent. Pour y parvenir,
sans danger d'exciter les soupçons de
miss Tilbury, il écrivit à celle-ci que
miss Adolphina s'était échappée pendant la nuit, qu'il allait suivre ses traces, et lui rendrait un compte exact de
ses démarches à leur première vue.
Comme on ne pense pas à tout, Worm
avait négligé d'empêcher que l'exprès

qu'on faisait partir ne le vît monter en voiture avec Adolphina. Le compte qu'il rendit à Esther de cette circonstance, qui coïncidait si mal avec la lettre qu'il lui avait écrite, fut cause, en grande partie, de la précipitation que miss Tilbury mit à conclure son mariage, retardé depuis long-temps par Alfred, lorsque celui-ci revint inopinément à Shelter-House.

A peine étaient-ils à deux milles de B...., que la jeune personne, qui n'avait rien voulu prendre depuis son départ de Shelther-House, tomba en défaillance. Son extrême pâleur effraya Alfred ; on avait en vue une assez belle ferme ; il ordonna au postillon d'en prendre promptement le chemin ; on fut obligé de porter Adolphina dans la maison : sa faiblesse était si grande qu'elle ne donnait que de légers signes de vie. La fermière et sa fille, douées d'un cœur honnête et sensible, prirent le plus grand soin de la malade, qu'on avait placée sur un lit. Alfred aurait bien voulu rester dans la même chambre; mais la modestie anglaise ne pouvait le souffrir, et il fut contraint de se retirer dans une autre pièce. Quand Adolphina revint tout-à-fait à elle, mistress Adamson lui offrit un bouillon qu'elle accepta. En portant les yeux sur les deux femmes qui la secouraient avec tant d'humanité, elle conçut l'espoir qu'en les intéressant à son sort, elles ne refuseraient peut-être pas de l'aider à se soustraire au pouvoir de l'homme qu'elle avait en horreur : son espérance ne fut pas trompée. Un court récit de ses malheurs acheva ce qu'avait inspiré son apparence. Ces deux excellentes créatures lui promirent de lui faciliter les moyens de s'échapper; mais elles ajoutèrent, que ce ne pouvait être que la nuit; qu'il fallait en conséquence trouver un moyen pour éviter de partir avant le lendemain matin : la fermière conseilla à l'étrangère de feindre d'être plus malade. — J'engagerai votre ravisseur à vous laisser prendre du repos, et toutes les fois que ma fille et moi viendrons pour savoir si vous êtes réveillée, nous dirons que vous êtes plongée dans un profond sommeil; s'il insiste pour s'en assurer lui-même, il ne vous sera pas difficile de paraître endormie. En vous réveillant, ce que vous n'aurez l'air de faire qu'à neuf ou dix heures du soir, vous continuerez à vous plaindre. Ce projet eut un entier succès. Worm fut complétement dupe; il exigea qu'on lui mît un lit à la porte de la chambre où était couchée Adolphina : cette précaution ne pouvant nuire au départ de l'infortunée, on ne fit aucune difficulté d'accéder à sa demande. A minuit, mistress Adamson, qui avait prévenu son mari de la bonne action qu'elle meditait, vint gratter doucement à la fenêtre. Adolphina, qui s'était préparée, l'ouvrit sans aucun bruit. Une échelle était posée contre le mur : un seul étage peu élevé n'avait rien d'effrayant à franchir ; Adolphina, dans deux secondes, fut en bas. En serrant la main de la bonne fermière, elle y glissa cinq guinées ; celle-ci fit un mouvement pour les refuser ; mais la sœur de George s'était déjà éloignée. Fanny Adamson lui donna le bras, et toutes deux gagnèrent, le plus vite possible, le dehors du jardin. Quand elles furent à un demi-mille de la ferme, Fanny remit à l'étrangère une lettre.—Elle est adressée, lui dit-elle, à un des hommes les plus vertueux de l'Angleterre : son épouse est aussi bonne et aussi obligeante que lui, et ils n'ont jamais re-

fusé de tendre une main secourable à
ceux qui avaient besoin de leur service : mes parens les connaissent, et
leur recommandation ne vous nuira
pas. Mon père qui ignore, madame,
si vous avez sur vous l'argent nécessaire au petit voyage que vous allez
faire, vous prie de recevoir un prêt de
10 livres, que vous lui rendrez quand
vous le pourrez : voilà une robe, un
tablier et un chapeau, qui vous dégui-
seront entièrement : si vous restiez avec
vos propres vêtemens, leur élégance
exciterait la curiosité, et en outre, ils
vous feraient facilement reconnaître.
Adolphina accepta les habits, mais refusa l'argent, assurant la bonne Fanny
qu'elle en avait plus qu'elle n'en dé-
penserait. La jeune fille l'aida à faire
sa toilette, et fit un paquet de ses har-
des, qu'elle voulut lui donner ; mais
Adolphina, craignant que cette légère

charge ne lui causât de l'embarras, la
pria de le garder. Elles se séparèrent
en s'embrassant comme deux sœurs.
Adolphina assura à Fanny qu'à moins
qu'elle ne succombât à l'excès de ses
maux, elle irait remercier elle et ses
bons parens, d'avoir protégé avec tant
d'humanité et de délicatesse une inconnue qui n'avait que son malheur
pour toute recommandation. Adolphina avait au doigt une jolie bague,
qu'elle plaça à celui de Fanny. — Re-
cevez-la, comme une marque de l'inal-
térable amitié que je vous voue. La
jeune fille ne fit aucune difficulté d'accepter un cadeau d'une personne pour
laquelle elle se sentait un véritable attachement. Après lui avoir indiqué le
chemin qu'elle devait suivre, pour éviter la grande route, Fanny lui dit le
dernier adieu, et retourna à la ferme,

où elle rentra sans qu'Alfred fût réveillé par le moindre bruit.

Avant d'apprendre au lecteur comment Adolphina s'est tirée de la fâcheuse situation où elle s'est trouvée, je reviens, pour quelques instans, à la ferme. L'embarras, même le désespoir, que les méchans éprouvent quand ils ne peuvent amener à bien une exécution perverse, est, ce me semble, une douce jouissance pour les honnêtes gens.

A son réveil, Alfred consulta sa montre; il était six heures et demie du matin. Persuadé que le long repos qu'Adolphina avait goûté depuis la veille, devait lui avoir rendu la santé, il se hâta de s'habiller, pour envoyer chercher des chevaux, et partir aussitôt leur arrivée. Quand il fut prêt, il frappa à la porte, où il croyait encore

Adolphina. N'ayant aucune réponse, il essaya de tourner la clef; la porte était fermée en dedans : il descend dans le parloir, et trouve mistress Adamson qui préparait le déjeuner. Il lui demande des nouvelles de..... La dame, ne sachant comment la dé-nommer, il resta court. — Mais, monsieur, je ne l'ai pas vue depuis hier soir; sans doute qu'elle se porte mieux. Vous ne lui avez donc pas encore parlé ce matin ? — La porte est fermée. — Cela est singulier, dit la fermière, en paraissant surprise. — Attendez, je vais la prier de m'ouvrir. Mistress Adamson monte, frappe et appelle; n'obtenant aucune réponse, elle montre de l'inquiétude. — La pauvre dame est peut-être bien malade. — Il faut enfoncer la porte. — Oh! non, non! il n'est pas nécessaire; il y a dans l'al-cove une autre porte, je vais m'introduire dans sa chambre par là. — Comment une autre porte ! dit Worm à moitié mort d'appréhension ; mais vous ne me l'avez pas dit. — Pourquoi vous aurais-je dit une chose de si peu d'importance ? — De si peu d'importance ! répéta Alfred, en courant comme un fou, et sans savoir par où il fallait prendre pour aller à la seconde porte. — Par ici donc, monsieur : où allez-vous ? et elle lui fit monter un escalier qui donnait dans la cour des écuries. — La chambre que l'étrangère occupe, dit-elle, est celle de mon mari, qu'il lui a cédée ; et vous voyez que par le moyen de ce petit escalier, M. Adamson peut facilement surveiller les domestiques, et avoir l'œil à ce que les chevaux soient bien soignés. — Que me font à moi les chevaux, la ferme et tout ce qui s'y trouve ! Malédiction sur la lenteur avec laquelle vous montez les degrés. — Pensez-vous que, pour vous plaire, je veuille me casser le cou ? en vérité, vous êtes bien peu poli envers des gens qui en ont usé envers vous avec beaucoup d'humanité et de bienveillance. En parlant, elle arrive à la porte qui s'ouvre aisément. Alfred entre précipitamment; et, ne trouvant personne, il proféra les plus affreux juremens, en accusant la fermière de complicité avec sa femme, pour avoir facilité sa fuite. — Votre femme ! reprit mistress Adamson : et pourquoi n'avez-vous pas dit qu'elle le fût ? — Ai-je quelques comptes à vous rendre? au reste, cela ne se passera pas ainsi : rendez-moi mon épouse, ou je vous extermine. —Oh! que non, dit le bon fermier, qui avait été curieux de voir comment les choses se passeraient, vous n'exterminerez personne ici, et même vous en sortirez sur-le-champ. Si la jeune dame s'est sauvée de vous, c'est une preuve que vous en avez mal agi avec, elle ; peut-être l'avez-vous enlevée de force de chez ses parens : l'état dans lequel elle est arrivée, confirme mes soupçons. — Je me moque de vos soupçons. — Puisque vous le prenez ainsi, je vais envoyer chercher le constable, et il saura si vous êtes effectivement marié avec cette charmante étrangère. Worm, craignant qu'Adamson n'effectuât sa menace, crut devoir filer doux ; il demanda qu'on fît venir des chevaux ; et, dès qu'ils furent arrivés, il monta dans la chaise, et quitta la ferme en vociférant des juremens épouvantables. La rage dans le cœur, il dirigea ses démarches dans les environs de la ferme, et ne put rien découvrir. La fuite d'Adolphina fut protégée par la Providence : elle échappa aux recherches de son persé-cuteur. Désespéré d'une issue qu'il avait été loin de prévoir, Alfred re-prit tristement le chemin d'un lieu où il avait pensé ne plus retourner. L'é-vénement qu'il avait supposé, et qu'il avait mandé comme une vérité à Es-ther, s'étant réalisé, du moins il re-trouvait un asile. Sa lettre avait pré-paré les voies ; le premier coup était porté : il ne lui restait qu'à confirmer l'affreuse nouvelle.

Il est à remarquer que le faux rap-port que Worm avait fait par écrit à miss Tilbury, avait une espèce de similitude avec la circonstance qui semble avoir favorisé le départ d'A-dolphina. Cette jeune personne se sauva par la fenêtre, pour éviter d'être vue ou entendue par les gens d'écu-rie : ce qui aurait pu arriver, si on l'eût fait passer par l'escalier dérobé.

II.   13

Mais Worm croit et doit croire qu'elle est partie par la porte qu'il avait eu la maladresse de ne pas voir. Il ne pouvait douter que la fermière ne lui eût prêté aide ; mais il n'en avait aucune preuve. D'ailleurs quels étaient ses droits ostensibles pour rien exiger ?

Ne pouvant deviner que le bavardage de l'exprès, qu'il avait chargé l'hôte de B*** de faire partir, avait élevé des soupçons dans l'esprit de miss Tilbury, il ne prit aucune peine pour dissimuler sa mauvaise humeur : et, quand Esther lui fit répéter les circonstances de l'évasion de sa nièce, il ajouta à son récit quelques détails qui, sans démentir sa première version, se rapprochaient de la vérité. Il s'attendait si peu à la proposition que lui fit Esther de conclure leur mariage subitement, que sa présence d'esprit l'abandonna entièrement. Il se laissa circonvenir comme un enfant, et devint, malgré lui, l'époux d'une femme qu'il ne pouvait souffrir. Il ne lui restait qu'une ressource, ce fut de faire approuver son prompt départ, sous le prétexte le plus plausible. Cette fois, en quittant Shelter House, il fit le serment de n'y jamais revenir, à moins que Théodosia n'y fût de retour : et, dans ce cas, il n'en approcherait que pour se procurer le moyen de l'enlever encore. Possesseur de 1500 livres sterlings, on se doute bien que les mille livres * qu'il disait lui avoir été emportées par Adolphina, étaient restées dans son porte-feuille : il ne fut pas embarrassé de son existence.

* Toujours livres sterlings.

CHAPITRE VIII.

La lune éclairant la marche d'Adolphina, elle voyagea à pied pendant toute la nuit. Au point du jour elle entra dans une maison peu éloignée du chemin. Rien dans cette demeure n'annonçait l'opulence ; mais l'extérieur et l'intérieur étaient d'une propreté ravissante. Une jeune femme occupée à baigner dans un baquet un enfant fort jeune, lui fit un salut de la tête, la priant de l'excuser, si elle ne lui présentait pas une chaise. Adolphina, ne voulant pas la déranger, allait se retirer : mais la villageoise insista pour qu'elle se reposât. — Dès que mon petit amour sera baigné, dit-elle,

vous pourrez, madame, disposer entièrement de mes services. La sœur de
Théodosia s'assit, et se mit à considérer, avec une sorte de plaisir, les
soins que cette bonne mère prenait
pour ménager les membres faibles et
délicats de son enfant. Aussi le petit
riait, jouait et paraissait fort content.
Quand il fut essuyé et remis dans son
berceau, la paysanne pria l'étrangère
de vouloir bien l'instruire du motif
qui lui procurait l'honneur de sa présence? Adolphina lui dit que, désirant
se rendre à Bath, avec le plus d'économie possible, elle était entrée pour
demander si on pourrait lui procurer
une occasion. — Je crois, madame,
que j'aurai le bonheur de pouvoir vous
obliger dans cette circonstance; ma
sœur, qui est venue passer un mois avec
nous, doit partir ce matin vers les
onze heures; elle a couché à Bristol,

et sera bientôt de retour : vous pourrez faire la route ensemble : un voiturier, d'un village situé à deux milles en-deçà de Bath, est venu apporter des marchandises chez le fermier Jakson, dont la ferme est à deux cents pas d'ici. La voiture s'en retourne à vide : le charretier a consenti à se charger de ma sœur, et sûrement il ne refusera pas, moyennant une petite rétribution, de vous permettre de vous y placer aussi. C'était la plus heureuse circonstance pour Adolphina : elle en fit ses remerciemens en termes les plus propres à ne pas démentir les habits villageois qu'elle portait. Peu d'instans après la sœur revint. — Bonjour, Méry, voilà une jeune femme qui fera route avec vous : ce sera une aimable compagne. Méry parut bien aise de ne pas partir seule. La bonne mère de famille apprêta à déjeuné. Elle, sa

sœur et deux petits garçons, mangèrent
de si bon appetit, qu'Adolphina se
sentit désir et besoin de les imiter. Le
temps s'écoula, la voiture arriva : on
fit boire un coup de bierre au charretier, qui ne fit aucune difficulté de
conduire l'étrangère, et ne voulut faire
nul arrangement. — Elle me donnera,
dit-il, ce qu'elle voudra, ou plutôt
je ne veux rien : le plaisir de voir,
durant tout le voyage, une aussi jolie
fille, sera ma récompense. Adolphina
présenta une couronne à la paysanne,
qui la refusa : sans qu'on s'en aperçut,
elle la glissa dans la main de l'enfant
qui dormait, sous le prétexte d'aller
l'embrasser.

Méry était une bonne fille, fort
commune et aimant beaucoup à parler. Adolphina sut, sans le lui demander, qu'elle était servante chez un
aubergiste de Bath; que l'auberge de

son maître, qui avait pour enseigne
les Armes du prince de Galles, était la
meilleure et la plus achalandée du lieu :
elle proposa à sa compagne de voyage
de la faire entrer au-dessous d'elle.
Adolphina la remercia. — Peut-être
n'avez-vous pas besoin de servir ? —
Pardonnez-moi : mais je préfère entrer chez des personnes qui habitent
la campagne. — En ce cas, j'ai votre
affaire : le vicaire de Greengrove vient
de perdre sa domestique ; si vous pouvez y entrer, vous y serez très-bien :
ce sont de braves gens. — Je vous serais bien redevable si vous pouviez me
faire recevoir. Cette circonstance parut
d'autant plus heureuse à Adolphina,
qu'elle avait perdu la lettre de recommandation que lui avait remise Fanny.
— Avez-vous des répondans ? — Je ne
connais personne. — Oh ! cela ne fera
rien ; je dirai que ma sœur et moi nous

répondons de vous. Ma sœur vous connaît sans doute. — Elle m'a vue pour la première fois deux heures avant votre retour de Bristol. — C'est égal : vous avez l'air d'une honnête fille. — Je le suis; mais oserez-vous répondre pour quelqu'un qui vous est inconnu ? — Oui, je l'oserai; et si vous me trompez, je n'aurai de ma vie confiance en qui que ce soit. — J'espère que vous n'aurez qu'à vous féliciter de vous être intéressé à moi.

Précisément le voiturier était du village de Greengrove : il descendit les deux filles à l'entrée. Adolphina lui donna une couronne : Méry voulait aussi lui donner quelque chose. — Je suis déjà trop généreusement payé, dit-il; gardez votre argent; et que le Ciel vous comble de ses bénédictions.

Méry conduisit Adolphina chez le

ministre : il était temps qu'elles arri-
vassent. A peine étaient-elles entrées,
qu'une servante se présenta : on la fit
attendre, pendant que l'épouse du vicaire interrogeait Méry et sa compagne. La figure et le maintien de
celle-ci lui plurent dès l'abord. —
Est-ce vous, demanda-t-elle à Méry,
qui venez-vous offrir ? — Non, madame, c'est cette jeune fille. — Tant
mieux, ne put s'empêcher de dire
mistress Hammond (c'était le nom du
ministre). — Avez-vous déjà servi,
mon enfant ? Au grand déplaisir de
Méry, Adolphina répondit : — Non.
— Eh bien, je prendrai volontiers la
peine de vous montrer ce que vous
aurez à faire. Par qui m'êtes-vous re-
commandée ? — Par moi et par ma
sœur, se hâta de répondre Méry. —
Quelle est votre sœur ? — Ma sœur,
qui est une bonne et honnête femme,

a épousé le garde-chasse de milord Eg***, dont le château est situé à trois milles de Bristol. Ma sœur, qui est de Bath, s'appelle comme moi, Deborah Blackhead : et son mari, Stephen Montain. Mistress Hammond sourit de la volubilité de l'une, et fut charmée de l'air modeste et réservé de l'autre. — Quoiqu'il n'y ait rien de bien positif dans de telles recommandations, je m'en contente. — Ah ! madame, vous avez bien raison, ma compagne est digne de vos bontés. — Je le crois. Comment vous appelez-vous ? Théodosia, qui avait prévu la demande, répondit sans hésiter : —Cécilia Bromton. — Quels gages désirez-vous gagner ? — Vous les fixerez vous-même, madame, quand je serai au fait de mon emploi ; jusque-là, je vous causerai de l'embarras et de la peine : il ne serait pas juste que je vous coûtasse de l'ar-

gent; c'est déjà bien assez de ma nour-
riture. — Vous avez beaucoup de délicatesse, Cécilia : soyez sûre que vous
n'y perdrez pas. On fit rafraîchir Méry;
mistress Hammond lui donna deux
shellings pour la peine qu'elle avait
prise, et la congédia. Adolphina,
qu'il faut nommer Cécilia désormais,
se mit sur-le-champ en devoir de remplir son ministère : sa maîtresse la conduisit partout, et lui indiqua ce qu'elle
avait à faire. Il y avait une autre domestique pour la cuisine; c'était une
vieille femme d'un cœur excellent,
mais brusque et entêtée.

A l'heure du dîner, M. Hammond
rentra : sa femme lui présenta la nouvelle servante. — Sauf l'habit, dit le
vicaire, je l'aurais prise pour une milady, tant elle a la figure distinguée.
Cécilia rougit, et baissa les yeux. —
Vous êtes bien jeune, mon enfant,

pour vous destiner au service. — Monsieur, j'ai vingt-et-un ans. —Avez-vous vos parens? — Je suis orpheline. — Cela est fâcheux. Que faisaient vos père et mère? — Ils........ ne faisaient rien. — Ah! j'entends; ils avaient de l'aisance. — Oui, monsieur. — Avez-vous des frères et des sœurs? — J'ai un frère et une sœur. — Tous deux établis, mariés peut-être? — Oui, monsieur. — Et ils ne vous ont pas proposé de vivre avec eux? — Pardonnez-moi; mais il est fâcheux d'être à charge. — Ainsi vos parens, quand ils sont morts, n'avaient plus de fortune? — Monsieur, madame, par grâce, ne m'interrogez pas: il m'est impossible d'en imposer, et je ne puis absolument dire la vérité; excusez-moi, et ne me jugez pas défavorablement, parce que je suis forcée de vous cacher qui je suis. Si vous daignez vous en rapporter à ma parole, je vous proteste que je suis d'une famille d'honnêtes gens : que la vertu la plus rigide ne pourrait m'accuser sur aucun point, et que je n'ai nullement à rougir des raisons qui m'obligent à vivre ignorée, du moins pour quelque temps. Cette sincérité fut loin de déplaire à M. et à mistress Hammond. —Gardez votre secret, mon enfant, dit le vicaire : et ne craignez pas que nous vous sachions mauvais gré de votre discrétion. Quand vous nous connaîtrez mieux, peut-être penserez-vous que vous pourrez nous accorder votre confiance : dans tous les cas, vous pouvez compter sur notre protection. Quand on n'est pas estimable, on ne redoute pas, comme vous venez de le faire, de proférer un mensonge. Mistress Hammond, qui se sentait portée d'inclination vers Cécilia, se joignit à son mari, pour lui assurer que jamais on ne lui témoignerait la moindre curiosité relativement à ce qu'elle croyait convenable de taire.

Cécilia fut bientôt au fait de tout ce qui concernait son service : mais il lui fallut quelques jours, avant d'obtenir les bonnes grâces de la vieille Bridget. Telle précaution que prirent le ministre et son épouse, pour ne pas laisser deviner l'intérêt qu'ils prenaient à la nouvelle domestique, l'ancienne s'en aperçut. Elle n'était pas jalouse de la jeunesse, de la beauté et de l'air distingué de Cécilia ; mais elle redoutait qu'elle ne fût plus aimée qu'elle de ses maîtres : ayant pour eux l'attachement le plus tendre, elle serait morte de chagrin s'ils l'avaient renvoyée. Bientôt cependant, elle se tranquillisa, en voyant qu'aucune des actions de Cécilia ne pouvait donner naissance à ses soupçons ; attentive, zélée et prévenante pour M. et mistress Hammond, elle ne l'était guère moins pour sa compagne; elle s'était emparée des ouvrages les plus fatigans, pour que Bridget n'eût aucune peine. L'âge avancé de cette dernière la rendait un peu paresseuse : et souvent, avant l'arrivée de Cécilia, elle se plaignait d'être exténuée de mal. Quelle différence ! aujourd'hui, excepté la cuisine, Bridget pouvait disposer du reste de son temps. Mistress Hammond voyait avec peine sa favorite remplir des fonctions qui devaient l'humilier : rien, dans cette jeune personne, n'annonçait qu'elle dût être faite pour l'état qu'elle avait embrassé. Plusieurs fois même, elle s'était surprise à vouloir aider Cécilia : mais la crainte de donner de la jalousie à Bridget, l'en avait empéché.

Cependant M. Hammond et sa femme s'entretenaient fréquemment de leur

nouvelle servante : tous deux formaient
des conjectures sur les événemens qui
avaient réduit une créature aussi charmante à se ravaler ainsi. Nul motif de
curiosité n'entrait dans le désir qu'ils
avaient d'obtenir sa confiance ; mais ils
auraient souhaité la connaître, et, si
elle justifiait l'opinion qu'ils en avaient
conçue, ne pas la laisser occuper une
place si peu digne d'elle.

Dans le malheur dont Adolphina
était accablée, nous devons la féliciter
du fortuné hazard qui avait dirigé ses
pas dans l'asile de l'humanité et de la
bienfaisance. Le ministre n'était pas
seulement un honnête et digne homme,
il avait justement acquis la réputation
d'un savant. Mistress Hammond, sa
digne compagne, possédait toutes les
qualités qui constituent la femme estimable et la femme aimable : ce couple
respectable n'était connu que par ses

II. 14

bienfaits. Dès qu'on prononçait le nom du ministre, chacun s'empressait de faire son éloge; des larmes de reconnaissance humectaient les yeux de tous ceux qu'il avait obligés, et le nombre en était grand. Tels étaient les protecteurs que la Providence venait d'accorder à la pauvre Adolphina : il semblait que le sort, content de son admirable résignation, commençait a se relâcher de son extrême rigueur.

Quand la vieille cuisinière ne pouvait entendre la conversation, mistress Hammond traitait Cécilia avec une bonté maternelle. Elle aimait à la nommer sa fille ; une rougeur, celle que cause une émotion agréable, couvrait le visage de la jeune personne. Un jour, elle répondit à cette douce dénomination, en s'emparant d'une des mains de sa maîtresse, qu'elle porta d'abord à ses lèvres ; puis l'appuyant

sur son cœur, elle parut avoir entièrement oublié la distance apparente qui
les séparait. Revenant promptement
à elle, un air confus remplaça celui de
la tendresse : elle laissa doucement aller la main qu'elle tenait, et, s'éloignant respectueusement, elle balbutia
les mots de témérité et d'excuse. Mistress Hammond la prit dans ses bras et
la pressa sur son sein. — Ne vous repen-
tez pas, aimable enfant, du moment
de bonheur que vous m'avez procuré :
j'ai été mère, et, si le Ciel l'eût permis, j'aurais une fille qui serait de
votre âge. J'ai pensé que je venais de
la retrouver ; et, certes, en vous tenant embrassée, l'illusion était com-
plète, car mon cœur semblait d'intelligence avec nos mutuelles émotions.
Quelques pleurs mouillèrent les yeux
d'Adolphina. — Que ne suis-je, s'écria-
t-elle, en joignant les deux mains, la

fille que vous regrettez ! — Je partage
bien sincèrement ce désir. O mon
Dieu ! puisqu'il ne peut être exaucé,
souffre que je sois pour cette douce
créature une seconde mère, et qu'elle
me tienne lieu de l'enfant que j'ai
perdu. Adolphina se mit à genoux. —
Veuillez, dit-elle, bénir la pauvre orpheline que vous daignez protéger. —
Je te bénis, fille infortunée : puisse le
sort te réserver une récompense digne
de tes vertus ! M. Hammond, qui rentra alors, regardant alternativement sa
femme et Cécilia, parut étonné et inquiet. — Des larmes ! dit-il : est-il donc
arrivé quelque malheur durant mon
absence ? — Non, mon ami. Cécilia et
moi nous étions sous l'influence trom-
peuse de l'illusion : elle se croyait dans
les bras de sa mère, et moi je pensais
presser ma fille sur mon cœur. Regarde-
la, Gilbert : notre Diana, si elle avait

vécu, serait peut-être aussi bonne,
aussi belle. Le vicaire soupira. — Un
si grand bonheur, dit-il, ne nous était
pas réservé. Charmante inconnue, ne
voulez-vous pas aussi trouver, dans le
mari de votre mère adoptive, un père
qui vous aime tendrement? Adolphina
se remit à genoux et fondit en larmes.
M. et mistress Hammond la relevèrent,
et le premier enveloppa de son bras sa
femme et Cécilia. — Plus de servitude,
dit-il; un nouveau lien nous unit. Cécilia, vous êtes notre enfant : en vous
adoptant, nous ne vous demandons
qu'un échange de tendresse. — Laissez-
moi vous servir : c'est une si douce
jouissance pour mon cœur reconnaissant! je vous chérirai comme je chéri-
rais mon père et ma mère, et je vous
respecterai et obéirai comme de bons
et indulgens maîtres. — Cécilia, vous
refusez donc d'être notre enfant? —

Refuser, Dieu tout puissant! la plus désirable félicité : pourriez-vous le croire? — Eh bien! Cécilia, devenez notre égale : donnez-nous les doux noms de père et de mère, et promettez-nous de ne nous quitter qu'à la mort, si cependant vous êtes libre de le promettre. — Je le suis, et c'est avec transport que j'en fais le serment.

A compter de ce jour, Cécilia cessa toutes ses fonctions de domesticité. Une véritable servante la remplaça. Bridget murmura un peu de ce nouvel arrangement; mais, comme elle aimait ses maîtres, tout ce qui leur plaisait devait avoir son approbation : d'ailleurs, ne trouvant ni fierté ni air de supériorité dans Cécilia, elle lui pardonna volontiers sa bonne fortune.

CHAPITRE IX.

Après de longues et fatigantes cour-
ses, M. Eversfield, milord Cramburn,
Georges, et tous les gens qui avaient
été mis en campagne, revinrent sans
avoir pu obtenir la plus légère infor-
mation sur Adolphina ; il fallut s'en remettre au hasard, pour sortir d'une obscurité qui semblait s'épaissir tous les
jours de plus en plus. La plus profonde
tristesse régnait dans les trois maisons,
dont les habitans étaient vivement af-
fectés du sort d'Adolphina. Sa sœur,
la sensible Théodosia, regrettait sa
seule amie. George ne cessait de voci-
férer contre sa tante, cause, si elle n'é-
tait pas l'auteur, du rapt de sa nièce.

Quant à l'honnête Américain, il aurait volontiers sacrifié la moitié de sa fortune pour voir Adolphina rendue à sa famille. Cet homme, d'un naturel aimant, s'était attaché également aux deux sœurs; nul sacrifice ne lui aurait coûté à faire, s'il eût pu parvenir à assurer leur bonheur. Combien son excellent cœur ne fut-il pas froissé en voyant ses favorites également victimes de la rigueur du destin! Vainement il avait tâché d'alléger les chaînes de Théodosia, en donnant à son époux des conseils qui avaient pour but d'adoucir son caractère altier, et de détruire ses dispositions à la jalousie. Généreux Henry, tu ne connais que la superficie de l'homme que tu as jugé trop favorablement. L'amour violent qu'il avait conçu pour son estimable compagne, a eu le pouvoir, pendant quelque temps, d'assoupir ses incurables et horribles défauts : il a cessé de feindre ; sa férocité naturelle va se remontrer avec plus de force que jamais.

On a vu, dans le XIXe chapitre, à quel point un homme, qui ne veut pas maîtriser ses passions, peut atteindre le dernier degré de la dégradation. La proposition de vider une prétendue offense par le combat le plus avilissant, avait été reçue avec les démonstrations du mépris : c'était une injure que le baronnet ne pouvait, ne voudrait jamais pardonner. Un homme d'honneur, assez insensé pour s'être oublié, ainsi que l'avait fait sir Joseph, se serait contenté d'envoyer un cartel à son adversaire ; mais il eût fallu alors se comporter loyalement, et, passé le premier mouvement de rage, le baronnet était incapable de suivre le chemin tracé par la bravoure. Le mot vengeance fut le seul qu'il proféra en rentrant à Romantic-Lodge. Malheureusement les scélérats trouvent sans peine des scélérats prêts à les seconder. L'intérêt est un puissant mobile qui fait agir l'espèce mercenaire. Sir Joseph avait à son service un valet de chambre qui connaissait les vices de son maître comme les siens propres : cette similitude les avait tellement rapprochés, que Heart-Iron et sir Joseph n'avaient rien de caché l'un pour l'autre. Dans les premiers temps du second mariage du baronnet, Heart-Iron, fort épris de la femme de chambre de lady Lovering, ne songeait pas à remplir le rôle dont son maître l'avait chargé, celui de surveiller toutes les actions de sa femme. Heart-Iron, vieux et laid, n'aurait pas dû concevoir l'espérance de plaire à une jeune et jolie fille; mais l'amour-propre, autant aveugle que l'amour, ne cessait de le bercer d'un espoir trompeur. A la longue la patience s'use, l'erreur se dissipe, et la triste vérité paraît. Heart-Iron acquit l'affreuse certitude que Jenny, en lui souriant quelquefois, n'avait en vue que d'en faire un sujet d'amusement avec ses camarades. Ses deux oreilles lui confirmèrent ce qu'il commençait à soupçonner. Il entendit Jenny le tourner en ridicule, et se moquer de ses odieuses prétentions. L'explosion d'un baril de poudre, qui reçoit une étincelle dans son sein, n'est ni plus prompte ni plus terrible que ne le fut la fureur qui entra par tous les pores de Heart-Iron. — Misérable! tremble! dit-il en écumant de rage.

Jenny aimait beaucoup sa maîtresse : en rendant celle-ci malheureuse, c'était commencer les tourmens de l'autre. La haine est active ; ce fut Heart-Iron

qui sema les premiers grains de jalousie dans le cœur du baronnet. Le ter-
rein était fertile, le germe prit de la
consistance, et cette plante venéneuse
crût bientôt avec une promptitude ef-
frayante.

Les observations du baronnet ne lui
avaient laissé aucun doute sur les sentimens de milord Cramburn. Il était bien
convaincu qu'il était éperdûment amoureux de Théodosia; mais il n'avait aucune certitude qu'il fût payé de retour. La conduite de lady Lovering
était celle d'une femme vertueuse qui,
n'ayant rien à dissimuler, ne cherche à
cacher aucune de ses démarches. Cette
sécurité lui fit, sans s'en douter, donner une légère apparence de raison
aux soupçons de son mari, quand, accompagnant son frère à la promenade,
ce dernier la conduisait, sans qu'elle en
devinât le motif, de préférence aux

ouvertures du parc, où se trouvait
l'ami de George. Les pervers trouvent
facilement à empoisonner les actions
les plus innocentes : Heart-Iron, désirant rendre la femme de son maître
malheureuse, parce que c'était un
moyen de tourmenter sa fidèle Jenny,
peignit à sir Joseph ses rencontres ac-
cidentelles, du moins du côté de milady, comme de coupables rendez-
vous. On a vu quelles avaient été les
fâcheuses suites de ce commencement
de persécution. La défense que le baronnet avait faite à sa femme, de recevoir George, jointe à quelques expres-
sions qui échappèrent à sir Joseph, in-
diquèrent à milady qu'il était jaloux
de milord Cramburn : c'en fut assez
pour lui faire éviter toutes les occasions
de se trouver avec ce jeune homme.
L'agitation et le trouble qu'elle éprouva,
quand il se présenta chez elle, en l'ab-

sence de son mari, n'avaient d'autre source que la crainte que le baronnet ne donnât à cette visite une interprétation opposée à la vérité. Hélas! le retour inopiné de sir Joseph, retour qui était concerté avec son valet de chambre, remplit la pauvre Théodosia d'épouvante. Les apparences, vis-à-vis d'un homme défiant, pouvaient être contre elle. Cependant, rassurée par son innocence, elle reprit vite le calme qui convient à une conscience pure; mais l'emporté baronnet ne daigna rien approfondir; et, invitant milord Cramburn à le suivre, il se conduisit avec lui, comme on l'a vu, de la manière la plus révoltante.

Heart-Iron, en voyant rentrer son maître, s'aperçut avec joie qu'il portait sur sa figure les marques de la fureur. Il en augura que son infernal complot avait eu un entier succès, et que sir

Joseph aurait bientôt besoin de sa diabolique assistance : l'intérêt et l'amour-propre humilié étaient les deux mobiles qui le guidaient. Recevoir beaucoup d'argent de son maître, pour l'aider dans l'exécution de ses exécrables projets, était son premier stimulant : le second servait sa vengeance : déjà il avait remarqué la tristesse de Jenny ; la bonne créature souffrait des maux de sa maîtresse plus qu'elle ne l'eût fait des siens. Ne pouvant douter de l'attachement de sa femme de chambre, lady Lovering trouvait une sorte d'adoucissement à lui confier ses peines. La disparition de sa sœur la laissait sans amie, et il est affreux d'être forcé de concentrer en soi-même les chagrins dont on est dévoré.

Sir Joseph Lovering, à son retour au château, s'enferma avec son digne confident. La suite ne prouvera que trop quel fut le résultat de la délibération.

Milord Cramburn reçut un billet qui l'invitait à se trouver un matin, de fort bonne heure, dans un lieu isolé qu'on lui indiquait : il fit répondre verbalement qu'on pouvait compter sur lui. George, après avoir lu le billet, conseilla à son ami de ne pas accéder à une pareille invitation. — Tout écrit non signé, lui dit-il, ne mérite que le mépris. — Je crois que votre beau-frère en est l'auteur. — Je ne reconnais pas son écriture. Au demeurant, lui ou un autre, à votre place je ne me rendrais pas à cet insolent rendez-vous. — Vous avez entendu que j'ai accepté. — Si vous êtes absolument décidé à vous exposer à ce qui peut arriver d'une démarche imprudente, j'exige que vous souffriez que je vous accompagne. —

Je ne vous l'aurais pas demandé ; mais je ne refuse pas de vous cette preuve d'attachement : au reste, comme il n'est nullement mentionné dans le billet qu'il s'agit d'un combat particulier, je me présenterai sans armes. — J'en porterai, moi ; car je me défie des malhonnêtes gens. A l'heure convenue, lord John et George se rendirent au lieu du rendez-vous : le baronnet était arrivé. Les deux amis le reconnûrent à une grande distance. En voyant qu'il était accompagné d'un second, M. Tilbury se félicita de n'avoir pas laissé milord Cramburn venir seul. Quand ils furent à la portée de la voix, sir Joseph cria à son adversaire de faire éloigner son témoin, et en même temps il fit signe au sien de se retirer, ce que ce dernier exécuta sur-le-champ. George suivit son exemple, mais sans perdre de vue le lieu de la scène. En joignant lord John, sir Joseph lui présenta deux pistolets, à l'effet qu'il en choisît un. Dès que les pas furent comptés, milord, qui devait tirer le premier, tira son coup en l'air, et demanda une explication. — Point d'explication, répliqua le forcené, en se baissant pour changer le pistolet qu'il tenait à la main contre un autre qui était caché dans une touffe d'herbe, et le scélérat ajusta son homme et tira : la balle, dirigée au cœur, passa sous le bras gauche de John sans le toucher. George, qui avait tout vu, accourut en criant : — Traître infâme! Heart-Iron s'approcha aussi, et, tenant à la main un pistolet, menaça George de lui casser la tête s'il ne se retirait à l'instant. George répondit en présentant aussi un pistolet. Le baronnet voulut se jeter sur son beau-frère; ce dernier, exaspéré par tant de perfidies, lâcha son coup, et atteignit sir

Joseph au milieu de la poitrine. Heart-Iron se mit à crier au secours. Plusieurs paysans dirigèrent et hâtèrent leurs pas vers le lieu de la scène. Milord Cramburn entraîna George, qui voulait rester pour accuser son beau-frère en présence de témoins. Cependant il ne consentit à s'éloigner qu'après avoir ramassé la première arme du baronnet qu'il avait, comme je l'ai dit, échangé contre une préparée à ce dessein. — Le scélérat! s'écriait George, vous a donné à choisir entre deux pistolets également et seulement chargés à poudre, ce que j'ai remarqué quand vous avez tiré votre coup en l'air, et le misérable avait placé sous sa main un autre instrument de mort : sans ma prévoyance c'en était fait : mon ami n'existerait plus.

Avant l'arrivée des villageois, lord John et George étaient déjà fort éloi-

gnés du champ de bataille, en sorte
qu'il leur aurait été impossible de les
reconnaître; mais Heart-Iron les nomma à plusieurs reprises, ajoutant qu'ils
s'étaient réunis pour assassiner son maître. Un crime aussi odieux révolta les
témoins, et quoique le baron ne fût
point aimé dans le canton, il est impossible de ne pas plaindre la victime
d'une pareille trahison. Sir Joseph per-
dait beaucoup de sang : Heart-Iron
banda sa plaie, et, aidé des paysans,
il porta son maître à Romantic-Lodge.
En voyant entrer ce triste cortége dans
la cour, lady Lovering jeta un cri, et
courut au-devant de son mari qui avait
perdu connaissance : on le déposa sur
un lit, et il fut dépêché un homme à
Wells, pour en ramener un chirurgien. En l'attendant milady contint,
comme elle put, le sang qui coulait
encore. L'homme de l'art se rendit sur-

le-champ où sa présence était nécessaire : après avoir pansé la blessure, et
tiré le malade de son évanouissement,
il prononça qu'il n'y avait aucun danger, et que, s'il ne survenait aucun
changement, il répondait de la vie du
baronnet. Théodosia commença à res-
pirer ; mais quel ne dut pas être son effroi quand, en l'apercevant à côté de
son lit, sir Joseph, recueillant toutes
ses forces, lui ordonna de se retirer,
ajoutant qu'il lui défendait de quitter
son appartement jusqu'à nouvel ordre.
Théodosia, confondue autant qu'affligée d'un traitement si peu mérité, demanda qu'il lui fût permis de donner
ses soins à son mari. Le baronnet, du
ton le plus absolu, répéta qu'elle eût
à sortir immédiatement de sa chambre.
Le chirurgien, craignant que la colère
ne nuisît à la guérison du blessé, pria
milady de ne point insister : Théodosia

quitta l'appartement dans un état à inspirer la pitié. Heart-Iron l'accompa-
gna, et eut l'audace de lui reprocher
d'être la cause du malheur arrivé à son
maître : un regard de mépris lui imposa
silence.

Sans doute lady Lovering ne pouvait
aimer un homme dont la conduite envers elle méritait le blâme général ;
mais elle était essentiellement vertueuse, et tenait à sa réputation plus
qu'à sa vie : se voir soupçonner était
pour elle le comble du malheur. Igno-
rant ce qui s'était passé, elle ne pouvait concevoir sur quoi pouvaient être
fondées les accusations portées contre
elle. Il était constant que le baronnet
s'était battu ; mais avec qui ? et pour
quel motif ? Voilà ce qu'elle ne pouvait
deviner. Jenny, aussi affligée que sa
maîtresse, fut envoyée par elle pour
prendre quelques informations ; elle

eut peu de peine à percer un mystère devenu public, non-seulement par le soin que le valet de chambre avait pris pour le divulguer, arrangé à sa perfide manière, mais en outre par les rapports des villageois, qui répétèrent ce que Heart-Iron leur avait dit. On conçoit que Théodosia n'accorda aucun crédit à un récit qui ne pouvait être que mensonge. Avant de penser que son frère et lord John s'étaient rendus coupables d'un aussi grand crime, elle aurait renoncé à croire à l'existence de la vertu ; mais, quoique bien convaincue que c'était une insigne fausseté, elle voyait, avec horreur et désespoir, que l'honneur de milord Cramburn et celui de George étaient affreusement compromis ; il paraissait, en outre, que l'on avait l'odieuse intention de la comprendre dans le nombre des coupables supposés ; elle aurait désiré avoir une explication avec son époux, mais le chirurgien s'y était formellement opposé, et même ne la laissait pas approcher du malade. Quelle épouvantable situation pour une femme dont toutes les actions méritent des éloges !

Le scélérat Heart-Iron ne s'était pas borné à faire courir la plus calomnieuse accusation. Bien certain que son maître l'approuverait, le monstre se fit accompagner de deux paysans, les seuls qui eussent consenti à affirmer, par serment, qu'ils avaient vu milord Cramburn et M. Tilbury tirer ensemble deux coups de pistolet sur sir Joseph, chez le juge de paix du canton. Le crime parut si odieux au magistrat qu'il donna sur-le-champ l'ordre d'arrêter les accusés. Heureusement lord John avait plus d'expérience que son ami, et sachant que les scélérats sont capables de tout, il exigea de George qu'ils s'éloignassent ensemble de Middle-Hill. M. Tilbury céda par complaisance, persuadé que c'était une précaution inutile. Ils se rendirent directement à Bristol, chez un parent de lord John, auquel ils confièrent le motif de leur arrivée. M. Graham les approuva doublement de s'être mis à couvert des poursuites, quand il sut que sir Joseph jouait le premier rôle dans l'affaire. M. Graham avait des raisons pour se défier de la bonne foi du baronnet : il conseilla aux deux amis de changer de noms, et de ne pas se montrer en public.

Les suppôts de la justice arrivèrent à Middle-Hill, peu d'heures après que les deux amis l'avaient quitté ; ils s'en retournaient peu satisfaits d'être venus trop tard, quand M. Eversfield, vaguement informé de cette malheureuse affaire, venait prendre de véridiques informations. Rencontrant à la porte de la maison les gens envoyés par le juge de paix, il les arrêta pour leur demander quelques détails : on pense bien qu'il ne les reçut pas exacts : ils présentaient lord John et George comme deux vils assassins. — Vous êtes trompés, s'écria l'Américain : les deux hommes que vous venez de citer sont incapables de commettre un pareil crime ; ce ne peut être que des scélérats qui aient eu l'audace de les montrer sous un jour aussi contraire à leurs principes. Vainement on lui assura que les dénonciations étaient faites par des témoins oculaires. — Ces témoins ont été séduits. Il alla chez le juge de paix, qui lui donna connaissance de l'accusation et des dépositions. — Le valet du baronnet n'est pas admissible, dit-il : quant aux paysans, je les verrai, et je vous proteste qu'ils n'oseront pas soutenir leur indigne assertion en ma

présence. L'honnête Henri ne connaissait pas toute l'influence que peuvent avoir de gros sacrifices d'argent
vis-à-vis d'une certaine classe de gens.
Les deux paysans étaient intéressés et
méchans. George en avait maltraité un
dans une circonstance où il n'osa pas
répliquer, dans la crainte d'une punition qu'il méritait. L'occasion se présentait de pouvoir se venger avec avantage : il s'empressa de la saisir. Son
compagnon était un de ses parens : l'un
et l'autre étaient généralement mépri-
sés ; mais ils disaient avoir vu, et leur
déposition fut reçue.

Heart-Iron, prévoyant que les accusés trouveraient des amis riches qui
tenteraient, à leur tour, d'acheter le
désistement des témoins, leur avait dit
que quelle que fût la somme qu'on leur
offrirait, il s'engageait à leur donner
un quart de plus. En conséquence,

M. Eversfield les trouva absolument
disposés à lui résister : vainement il proposa de payer aussi cher qu'ils le vou-
draient un récit véridique, leur réponse
fut qu'ils avaient été sincères, et que leur
conscience leur prescrivait de se main-
tenir dans ce qu'ils avaient dit et signé.

Depuis quelque temps il existait un
peu de froid entre l'Américain et sir
Joseph : Heart-Iron, qui redoutait les
observations d'un honnête homme,
avait même osé jeter quelques soupçons sur les sentimens de M. Eversfield pour milady, prétendant qu'il
s'était aperçu que, malgré son âge et
son apparente sagesse, il avait conçu
pour Théodosia une violente passion.
Telle invraisemblable que fût cette
assertion, le baronnet, incapable de
raisonner, crut ce faux rapport, et se
promit d'éloigner de chez lui celui qu'il
avait accueilli naguère avec empresse-

ment. Néanmoins, comme il n'y avait point encore eu d'hostilité entr'eux, Henri se rendit à Romantic-Lodge. Heart-Iron lui dit que son maître était encore trop mal pour recevoir des visites. Il demanda à voir milady : l'insolent répondit, en tournant les talons, qu'elle n'était pas visible. La main d'Eversfield soulevait sa canne pour donner une correction à l'impertinent valet ; une réflexion l'arrêta : il allait se fermer la porte de sir Joseph, et son épouse infortunée resterait sans appui. Il espérait aussi gagner quelque chose sur l'esprit du baronnet, en faveur de ses jeunes amis, quand il pourrait le voir.

Le procès s'instruisait, et les apparences étaient entièrement contre milord Cramburn et M. Tilbury. Sir Joseph était tout-à-fait guéri, et devait, sous très-peu de jours, aller confirmer les dépositions qu'il avait déjà faites, lorsque Francis Lovering arriva à Romantic-Lodge. Il était accompagné d'un cavalier beaucoup plus âgé que lui. Ce retour imprévu fit peu de plaisir au baronnet; il craignait que son fils ne désapprouvât sa conduite. Connaissant la douceur de son caractère, et la rigidité de ses principes, jamais il ne s'était établi, entre le père et le fils, cet abandon de confiance qui rapproche les âges, et permet une sorte d'égalité apparente. Francis, sans approuver toutes les actions du baronnet, n'avait jamais conçu l'idée qu'il pût en commettre en opposition avec l'honneur.

Sir Joseph accueillit cependant son fils avec un air de satisfaction : il aurait désiré qu'il ignorât son affaire avec milord Cramburn et Georges; mais, certain qu'il l'apprendrait par d'autres, il préféra l'en instruire lui-même, espérant que la première impression le rendrait plus difficile à admettre, comme véritables, des récits opposés au sien. Francis écouta son père avec une respectueuse attention, cependant on pouvait découvrir dans ses yeux une sorte d'incrédulité. Sir Joseph feignit de ne pas l'avoir remarquée, et continua à peindre ses deux adversaires sous les plus odieuses couleurs. Quand il cessa de parler, l'inconnu que Francis avait présenté au baronnet, en le qualifiant seulement de son meilleur ami, demanda au jeune homme si les deux personnes mentionnées par sir Joseph, étaient celles dont il l'avait souvent entretenu ? Francis répondit par l'affirmative. — Je connais, dit-il, de réputation milord John Cramburn ; il jouit de l'estime générale : on croira avec peine qu'il puisse être un des acteurs de la scène sanglante que votre honneur vient de nous communiquer ; il paraît aussi hors de vraissemblance que le fils du couple le plus vertueux que je connaisse soit devenu complice d'un assassinat. — Voulez-vous me faire entendre, monsieur, que vous doutez de ma véracité ? — On peut faire une méprise : la colère ne permet pas toujours de voir avec justesse. En-fin, monsieur, j'aime à me persuader que vous êtes dans l'erreur. — Plu-sieurs témoins ont vu et ont déposé. — Etes-vous bien sûr que ces témoins n'aient point été achetés ? — Et, s'il vous plaît, par qui ? — Par un certain Heart-Iron. — Cet homme est à mon service, et je ne souffrirai pas qu'on l'accuse. Puis se tournant vers son fils. — Avez-vous, lui dit-il, amené quel-qu'un ici pour m'insulter ? — Pardon-nez, mon père ; mais, loin de blâmer

mon ami, je dois applaudir à sa conduite. — Ainsi vous approuvez les in-
sinuations perfides dirigées contre moi?
— De grâce, mon père, écoutez, sans
colère, le détail des circonstances qui ont
initié mon ami et moi dans une affaire
qui pouvait devenir très-désagréable
pour vous. C'est en me rendant un si-
gnalé service, que j'ai eu le bonheur
de faire connaissance avec le colonel
Dévis. Dans un autre moment, mon
père, je vous apprendrai les circonstances d'un événement que la reconnaissance a gravé dans mon cœur en
caractères ineffaçables. La plus intime
liaison s'établit entre nous, et je lui
dois aussi de n'avoir pas succombé à
l'excès du chagrin : peut-être un jour
vous en ferai-je connaître le véritable
motif. Le désir de vous revoir m'ayant
décidé à repasser en Angleterre (c'est
en pays étranger que nous nous som-

II.   17

mes connus), le colonel consentit à y revenir avec moi. Pour me donner cette preuve de dévouement, il eut le courage de se séparer de deux objets qui lui sont bien chers. Dès que nous fûmes débarqués, nous nous mîmes en route pour venir ici. L'envie d'arriver plus vite nous engagea à ne pas nous arrêter. Avant-hier, vers les onze heures du soir, nous traversions la bruyère de W***, quand nous fûmes arrêtés par des voleurs. Le valet de chambre de mon ami, qui était placé sur le siége, est Français : accoutumé à repousser de pareilles attaques, il tira un coup de pistolet sur un des brigands, et l'abattit ; mon ami et moi l'imitâmes, et eûmes la même adresse. En voyant trois des leurs étendus par terre, le reste de la bande se mit en fuite. Nous descendîmes de voiture pour voir si ceux couchés sur la poussière étaient encore en vie. Un seul était mort ; les deux autres n'avaient que de légères blessures. Nous les attachâmes derrière la chaise, à l'effet de les déposer dans la prison de***, où nous comptions faire nos dépositions. Avant de quitter la place, je voulus m'assurer qu'il n'y avait plus aucun signe d'existence dans le scélérat qui restait sur le grand chemin ; mon ami m'appela par mon nom, pour m'inviter à remonter en voiture : un des voleurs répéta : — M. Lovering ! est-ce donc le fils de sir Joseph de Romantic-Lodge ? — C'est moi-même, dis-je en m'approchant. — En ce cas, monsieur, il est de votre intérêt de ne pas nous traduire en justice, à moins que le désir de vous venger ne l'emporte sur la crainte de compromettre le baronnet, votre père, dans une affaire criminelle qu'il a intentée injustement à milord Cramburn et à M. Tilbury.

— George Tilbury ! m'écriai-je, de Shelter-House ? — Oui, monsieur : ces deux honnêtes hommes sont accusés, par sir Joseph et son valet de chambre Heart-Iron, d'avoir assassiné le premier. Plusieurs témoins ont été appelés : ils ont dit qu'étant trop éloignés du lieu de la scène, ils n'avaient rien pu distinguer. Mon cousin et moi nous étions à une légère distance, et vîmes que les coupables n'étaient ni milord John, ni M. George ; mais Heart-Iron nous paya si généreusement que nous consentîmes à faire serment, en justice, du contraire de la vérité. Si vous voulez nous faire grâce de la vie, nous nous éloignerons du pays pour n'y jamais revenir, à moins que vous ne préfériez que nous restions jusqu'au jugement du procès, notre présence pouvant être nécessaire à la justification des accusés. Mais,

dans le cas où vous persisteriez à porter plainte contre nous, notre premier
soin sera de remettre les choses dans
leur véritable situation : nous n'en pé-
rirons pas moins; mais du moins notre conscience ne nous reprochera
rien. Ne pouvant croire à la sincérité
de ces deux misérables, je ne m'arrêtai
pas plus long-temps à les écouter, et
me disposai à remonter dans la chaise.
— Prenez garde, me crièrent-ils, à
ce que vous allez faire; craignez qu'un
repentir trop tardif ne trouble tous les
instans de votre vie : nous pouvons
vous donner des preuves de tout ce
que nous avançons. Lisez cette lettre
du complice de sir Joseph ; elle nous
parvint hier, et sa date est très-fraîche.
L'écriture n'est pas contrefaite ; et,
quoique n'étant pas signée, en la con-
frontant avec d'autres papiers de Heart-
Iron, il ne restera aucun doute sur l'i-

dentité d'écriture. Je lus, à la faveur de la lanterne de notre voiture, l'écrit qué l'homme qui le tenait refusa de me remettre avant qu'il fût délié. Son camarade était encore attaché quand j'obtins cette fatale lettre. Dès qu'ils furent libres, l'un d'eux me demanda mes ordres. J'exigeai qu'ils se rétractassent devant la justice, en alléguant l'excuse qu'ils penseraient la plus convenable. — Désirez-vous que nous quittions l'Angleterre? — Pas encore, répondit mon ami; nous pouvons avoir besoin de vous : d'ailleurs je veux vous récompenser du service, quoique forcé, que vous nous rendez. Suivez-nous à W***; je vous donnerai une lettre pour le concierge d'un de mes biens, et là, vous attendrez de nos nouvelles. En arrivant à la ville, mon ami leur fit signer un désaveu en bonne forme de tout ce qu'ils avaient déposé, s'engageant à prouver qu'ils avaient été séduits par un misérable qu'ils promettaient de faire connaître si la procédure continuait.

Durant ce long discours de Francis, le baronnet avait conservé une contenance assez calme; mais à la conclusion on vit se peindre sur les traits de sa figure toutes les marques du plus violent courroux. — Vous voulez sacrifier votre père! malheureux! dit-il en se levant et courant sur son fils. — Arrêtez! sir Joseph, s'écria le colonel; je ne souffrirai aucun acte de violence. — Nous venons pour vous sauver, dit Francis, sans paraître effrayé de la fureur du baronnet; vous avez été trompé par Heart-Iron : c'est lui seul qui est coupable : c'est lui seul qui sera puni. — Retirez-vous; emmenez celui qui vient pour m'assassiner, et que vous nommez votre ami : votre présence m'est odieuse.

Jusque-là le jeune Lovering n'avait conçu aucun soupçon défavorable à son père ; il croyait affirmativement que Heart-Iron, ayant sans doute quelques motifs cachés pour perdre milord Cramburn et George, avait persuadé à son maître qu'on avait voulu attenter à sa vie ; mais, en quittant Romantic-Lodge, il emporta l'horrible conviction que le baronnet était complice de son valet. La douleur qu'il en ressentit affligea beaucoup le colonel : ce dernier n'avait été nullement étonné de trouver le père de Francis coupable. Le rapport des deux voleurs devait le faire pressentir à tout autre qu'un fils qui, dans une pareille circonstance, a de la peine à croire même ce qu'il voit. M. Devis remonta en

voiture avec Francis, et ils se firent
conduire à Wells. L'ignorance où était
le jeune Lovering sur tout ce qui s'é-
tait passé à Shelter-House depuis son
départ, lui fit regarder comme un rêve
tout ce que l'hôte de Wells lui apprit.
Le mariage de miss Tilbury avec Alfred Worm le surprit ; mais la nouvelle disparition d'Adolphina surtout
lui porta le plus terrible coup. L'affreuse idée qu'elle ne lui avait refusé
sa main que pour la conserver à
un autre, que sans doute elle aurait
rougi d'avouer, puisqu'elle avait eu
recours à la fuite pour l'aller joindre,
était déchirante pour son cœur. Il se
promit de l'oublier ; peut-être crut-il
possible qu'il pût la haïr autant qu'il
l'avait aimée. En attendant qu'il eût
remporté une victoire aussi extraordinaire, il se réunit au colonel pour
commencer des démarches qui pussent

détruire les fausses accusations portées contre lord John et M. Tilbury, sans compromettre sir Joseph. Une circonstance, sur laquelle il ne comptait guère, rendit inutile leur intervention dans cette affaire. Dans la nuit qui suivit le jour de leur entrevue avec le baronnet, sir Joseph, milady Lovering, sa fille Idamira, Heart-Iron et Jenny partirent de Romantic-Lodge, sans dire où ils allaient, et sans laisser aucun ordre. Francis mena son ami dans le lieu où, en l'absence de son père, il devait seul commander. Ils s'y établirent, espérant recevoir bientôt des nouvelles du baronnet.

CHAPITRE X.

J'AI laissé Adolphina sous un toit hospitalier : il semblait que la Providence, pour la récompenser de tous les maux dont elle avait, quoique bien jeune, été accablée, l'avait guidée dans l'asile de la vertu et de l'humanité. Estimée, chérie du couple le plus respectable, elle se fût trouvée parfaitement heureuse, si d'affreux souvenirs avaient pu s'effacer de sa mémoire. M. et mistress Hammond bénissaient chaque jour le hasard, mille fois heureux, qui avait amené un ange dans leur maison : l'esprit, les talens et surtout la douceur d'Adolphina jetaient sur leur existence un bonheur qu'ils ne connaissaient plus depuis la mort de leur unique enfant, et leur séparation d'avec un élève du vicaire, qu'ils chérissaient comme un fils. Presque détachés de la vie, ils ne semblaient plus y tenir que par la nécessité de soutenir plusieurs familles infortunées qui n'avaient de ressource que leurs bienfaits. Tout avait changé de face à Greengrove depuis que l'étrangère l'habitait : je dis l'étrangère, parce qu'Adolphina ne s'étant pas fait connaître, ils ne connaissaient d'elle qu'elle-même; mais il leur suffisait de l'assurance qu'elle leur avait donnée qu'ils n'auraient jamais à rougir de l'avoir accueillie avec bonté. La fausseté peut contrefaire, mais n'imite jamais la franchise. Sans hésiter, le bon ministre et son épouse auraient répondu de la sagesse et des excellens principes de leur bien-aimée Cecilia.

Un matin la servante, qui arrivait de Bath, apporta à son maître une lettre que lui avait donnée le facteur. En reconnaissant l'écriture, Gilbert Hammond poussa un cri de joie, et se hâta de briser le cachet : en lisant, une teinte de tristesse se fit remarquer sur sa figure vénérable; mistress Hammond parut inquiète. — Cette lettre, demanda-t-elle à son mari, vous annonce-t-elle de mauvaises nouvelles? — Oui, et non ; notre cher Francis est de retour, et viendra nous voir incessamment : voilà pour notre propre satisfaction ; mais son style semble contraint. Il a de nouveaux chagrins; pauvre jeune homme! il n'était déjà que trop malheureux : il ne peut en confier le motif au papier; mais il est sûr que je partagerai ses peines : il amenera avec lui un de ses intimes amis, à qui il a la plus grande obligation. — Celui qui a rendu service à notre Francis, dit mistress Hammond, sera reçu ici aussi-bien que lui-même. En entendant prononcer le nom de Francis, Cecilia se troubla ; les yeux baissés sur son ouvrage, elle attendait en tremblant que le vicaire ajoutât quelques mots qui pussent lui apprendre si ce Francis, tant aimé de ses respectables hôtes, était le même qu'elle avait connu. Il ne fut pas difficile de faire parler M. Hammond et sa respectable épouse sur le compte de leur favori. — Quand vous aurez vu cet aimable jeune homme, dit mistress Hammond, vous ne pourrez vous empêcher de le chérir, de l'admirer. — Et surtout de l'estimer, reprit le mari. — Il est aussi bon qu'il est beau. — Doux, affable, modeste. Je ne parlerai pas de son instruction ; élevé par moi, on croirait que je veux me faire un compliment. — Pourquoi, mon ami ? combien n'a-t-on pas vu de savans instituteurs ne faire que de médiocres élèves ? La semence confiée à un terrain ingrat, quelque excellente qu'elle puisse être, ne fructifie jamais : c'est le bon sol qui produit des récoltes abondantes. — Ce que vous dites, ma chère Maria, arrive quelquefois : cependant, pour continuer aussi figurément, la meilleure terre reste stérile quand elle n'est pas cultivée. — Hé bien, mon ami, permettez-moi de dire qu'ici tout s'est trouvé en accord parfait ; le maître et l'écolier ont rivalisé de zèle, et la perfection en a été le résultat. — Ce jeune homme est sans doute de Bath ? demanda Adolphina avec beaucoup de timidité. —

— Son père a acheté une terre dans les environs de Wells, et il l'habite depuis la majorité de son fils. — Peut-être avant demeurait-il à Londres ? — J'ignore où il faisait sa résidence. Francis était à peine âgé de huit ans quand il me l'amena ; l'enfant avait été élevé à la campagne, je crois même dans un village fort éloigné d'ici ; car Francis nous dit qu'ils avaient été cinq jours en route. M. Woodhead du Warwickshire, que je connaissais, accompagnait sir Joseph Lovering, et me dit beaucoup de bien de lui, m'assurant que je serais exactement payé de la pension de mon élève. C'était ce qui m'intéressait le moins. La mort récente de ma fille était le seul motif qui m'avait décidé à me charger de l'éducation d'un enfant : il me fallait une grande occupation pour me distraire un peu de ma profonde douleur ; je me contentai de demander à M. Woodhead si Francis appartenait à d'honnêtes parens. Il me nomma le

baronnet, en y joignant un éloge pom-
peux de sa moralité, de ses principes,
de sa naissance et de sa fortune. Francis, me dit-il, n'a plus de mère, et est
le seul enfant et l'unique héritier des
biens et des titres de sa famille.

La noble et douce figure de Francis
me prévint en sa faveur ; les arrangemens furent bientôt faits ; j'acceptai
les offres qu'on me fit, qui, au demeurant, étaient fort raisonnables. Le
jeune homme resta avec nous pendant
douze à treize ans ; nous l'aimions
comme s'il eût été notre enfant, et il
nous était tendrement attaché. Son
père ne vint le voir, dans ce long intervalle, que trois fois, et ne lui écri-
vait qu'une par an, lorsqu'il me faisait
tenir sa pension. Toutes ses lettres
étaient sans date. Francis ne savait pas
plus que nous où habitait son père.
J'en fis la demande à M. Woodhead ;

II.   18

il ne put me satisfaire : depuis le jour
où il était venu avec sir Joseph , il ne
l'avait pas revu. Leur connaissance
s'était faite au collége d'Oxfort : en
retournant dans leur famille respec-
tive , ils s'étaient perdus de vue ;
M. Woodhead ne le reconnut même
pas quand il vint le trouver à Ather-
ston pour le prier de lui indiquer un
bon instituteur pour son fils , ne voulant pas qu'il fût élevé dans un collége. Woodhead me connaissait depuis
long-temps ; il crut rendre service aux
deux parties en me recommandant au
baronnet, et en l'accompagnant ici.
Pour mon compte je lui dois beaucoup
de reconnaissance ; il m'a procuré un
bonheur que rien ne peut égaler , celui
de voir sortir de mes mains l'être le
plus vertueux , le plus aimable. Je dois
en outre à ce jeune homme la conser-
vation des jours de ma digne épouse ;

le charmant caractère de mon élève a
rendu moins douloureux le souvenir
de sa fille. Francis aimait à l'appeler
maman; il lui semblait souvent entendre le son de voix de notre chère
Diana : l'illusion était si forte que,
saisissant le jeune homme, elle le
pressait sur son sein en le nommant
son enfant. L'aimable Francis répondait par de douces caresses, et ne cessait de répéter : — Oui, je suis votre
fils; je vous ai voué une telle affection
que, fussiez-vous réellement ma mère,
je ne pourrais vous chérir davantage.
A l'approche de sa majorité, nos cœurs
se serrèrent : hélas! nous sentîmes que
nous étions à la veille de perdre la seule
consolation de notre vie. L'instant de
notre séparation fut affreux pour Francis comme pour nous. Sir Joseph parut voir avec peine les regrets de son
fils, ce qui m'engagea à prier ce der-

nier de les modérer en présence de son père. Le jeune Lovering me promit de m'écrire souvent; il me pria d'adresser mes réponses, poste restante, à Wells. Je ne me refusai pas à user de cette précaution que Francis n'adopta qu'en raison de l'espèce de jalousie qu'avait témoignée le baronnet, en voyant combien nous étions chers au jeune homme. Francis fut exact à remplir sa parole; notre correspondance lui fut, d'ailleurs, une consolation dans ses chagrins : l'infortuné en éprouva de bien douloureux; en me les confiant, il les adoucissait. Cependant il lui devint impossible de supporter le poids des peines qui l'accablaient : sa dernière lettre m'annonçait son départ de Romantic-Lodge; elle contenait aussi les motifs qui le rendaient indispensable : depuis, je n'avais reçu aucune de ses nouvelles;

jugez, chère Cecilia, le plaisir que
j'aurai à revoir celui que j'aime et que
j'estime. Puisse le temps qui s'est écoulé
depuis son absence avoir ramené le
calme dans son pauvre cœur! En écou-
tant le récit du vicaire, les larmes
d'Adolphina s'échappaient involontairement de ses yeux ; ses joues en
étaient couvertes ; un tendre regard
de mistress Hammond semblait la remercier de l'intérêt qu'elle prenait à
un homme qu'elle ne connaissait pas,
mais qui, étant cher à ses protecteurs,
avait des droits à son amitié. Ah! si
M. et mistress Hammond avaient pu
lire dans l'âme de leur fille adoptive,
ils y auraient vu que Francis était,
depuis long-temps, un objet sur lequel elle appelait les bénédictions du
Ciel.

Dès qu'Adolphina se fut retirée dans
sa chambre, elle ne put se défendre

d'éprouver un mouvement de joie en songeant qu'elle allait bientôt voir celui qui seul lui avait inspiré des sentimens tendres. Hélas! ce fugitif bonheur n'eut que la durée d'un éclair : de terribles réflexions lui succédèrent. La voix tonnante du devoir lui ordonna d'éloigner d'elle toute pensée de se retrouver avec l'homme qu'elle préférait à tous les autres ; épouvantée de sa situation, elle ne savait que résoudre. Attendrait-elle l'arrivée de M. Lovering? Elle ne le devait sous aucun rapport; mais comment dire à ceux qui avaient pour elle tant de bontés, cachez-moi aux yeux de votre ami; il doit ignorer que vous m'avez accueillie? Il faudrait donc se faire connaître? Se faire connaître, impossible! que penserait-on de celle qui est forcée d'envelopper d'un épais mystère une partie de sa vie? La résolution que prit l'infortunée Adolphina

lui coûta mille fois plus que s'il eût
fallu faire le sacrifice de son existence :
sa position était tellement affreuse que
la mort lui eût semblé le plus grand
bienfait du Ciel.

D'après ce qu'avait dit M. Hammond,
son élève pouvait arriver d'un instant
à l'autre. Adolphina profita, le lendemain matin, de l'absence du vicaire. Il
était de très-bonne heure ; mistress Hammond n'était pas encore levée : les deux
filles, occupées à leurs travaux du ménage, ne pouvaient la voir sortir. Le
cœur gros et les yeux baignés de larmes, Adolphina quitta Green-Grove,
n'emportant avec elle qu'un très-petit
paquet. Un regard de douloureux regrets fut le dernier adieu qu'elle adressa
au séjour hospitalier où elle avait été
accueillie par deux anges de bonté. Que
le Ciel vous comble de ses grâces, dit-
elle, en s'éloignant le plus vite possi-

ble d'un lieu où elle aurait bien désiré passer tout le temps de sa vie. Si les vœux les plus ardens, les plus sincères, peuvent être entendus du Tout-Puissant, j'ose croire que ceux qui émanent de mon cœur seront exaucés. Peut être le lecteur daignera se joindre à moi pour désirer que le voyage d'Adolphina puisse se terminer sans aucune malencontreuse aventure.

A son retour, M. Hammond fut étonné de trouver son épouse assise seule devant la table à thé. — Il ne fallait pas m'attendre, dit-il; j'ai été retenu plus que je n'aurais voulu. Où donc est notre enfant? — Je ne l'ai pas encore vue aujourd'hui : sans doute elle n'est pas levée. — Il fallait l'appeler. — Je l'ai fait; j'ai aussi frappé doucement à sa porte; elle n'a pas répondu. — Je vais essayer de me faire entendre : montons ensemble. Après

avoir frappé plusieurs fois inutilement,
le vicaire ouvre la porte. Mistress Hammond jette les yeux sur le lit. — Elle
est levée. — Et partie, ajouta M. Hammond, en lisant un papier ouvert laissé
sur une table. — Partie, grand Dieu !
— Oui, mon amie, Cécilia nous a quittés
volontairement ; et il fit tout haut lecture du billet dont voici le contenu :

« MES CHERS BIENFAITEURS,

« Un motif, que je ne dois pas dire,
me force à me séparer de vous ; de
vous que je chérirai jusqu'au tombeau.
Plaignez une infortunée dont la rigueur
du destin ne s'est adoucie un moment en
sa faveur, que pour rendre plus douloureuses les nouvelles peines dont elle se
trouve accablée. J'emporte dans mon
cœur un éternel souvenir de vos bon-

tés; bontés d'autant plus précieuses, qu'elles me furent accordées quand rien ne m'y donnait des droits. Environnée de mystères, vous pouviez ne voir en moi qu'une aventurière : la seule assurance verbale que je vous ai donnée a suffi pour écarter tous soupçons défavorables sur mon compte; non-seulement vous m'avez accueillie avec bienveillance, mais j'ai été traitée par vous comme l'enfant le plus chéri. En échange de tant de bienfaits, vous ne m'avez demandé que la promesse de ne jamais vous quitter; c'était doubler mon bonheur par la douce certitude de sa durée. Ma parole vous fut donnée, croyant bien que nulle raison ne pourrait jamais m'y faire manquer.... un événement.... imprévu.... qui aurait pu le deviner? vient m'arracher du séjour de la tranquillité pour me

reporter sur la mer la plus orageuse.
Quand je pourrais vous apprendre où
je vais, j'en serais empêchée par l'ignorance où je suis moi-même de ce que je
vais devenir. Je m'en inquiète peu : obligée de me séparer de ceux que j'aime et
que je révère, que m'importe en quel
lieu mes pas me conduiront; ne suis-je
pas sûre que partout où je serai la maligne influence de mon étoile s'étendra
sur moi? Je suis née pour souffrir : eh
bien! que ma destinée s'accomplisse.
Je pars doublement malheureuse, dans
la crainte que vous ne donniez à ma
fuite une interprétation qui me serait
défavorable. Une fois vous avez daigné
penser que j'étais incapable de vous
tromper; conservez cette idée de celle
à qui vous avez donné le nom si doux
de votre enfant : croyez à sa sincérité;
s'il ne lui est pas toujours permis de

dire toute la vérité, du moins elle n'a jamais proféré que la vérité. »

CÉCILIA.

— Ne l'accusez ni d'ingratitude ni de fausseté, dit en sanglotant mistress Hammond; il paraît que de grandes infortunes pèsent sur la pauvre Cécilia. — Je ne lui en veux pas, répondit le vicaire ; cependant elle manque de confiance en nous. — Sans doute, elle n'est pas libre de disposer d'un secret qui ne la concerne pas uniquement. Le mari et la femme se perdaient en conjectures. — Quelle nouvelle raison, reprit M. Hammond, a pu nécessiter son départ? a-t-elle reçu des lettres? quelqu'un lui a-t-il parlé? — Il n'est venu ni lettre ni étranger. — Avez-vous remarqué en elle, hier soir, plus de tristesse qu'à l'ordinaire? — Je me rappelle que le son de sa voix était un peu altéré en nous séparant; et quand, suivant sa coutume, elle a porté ma main à ses lèvres, elle l'a conservée plus de temps, et l'a ensuite pressée contre son cœur. — Étrange fille! puisses-tu n'être pas dans le cas de regretter l'asile hospitalier qui t'avait été offert avec tant de plaisir! Tu nous prive de la consolation de nos vieux jours, mais tu n'en es pas moins chère à nos cœurs. En s'entretenant de leur bien-aimée, ils ne pensaient pas que le déjeuner les attendait depuis plus de deux heures. Ils étaient encore dans la chambre de Cécilia, quand le bruit d'une voiture qui se fit entendre les engagea à descendre dans le parloir pour y recevoir les arrivans. C'était M. Lovering et le capitaine Devis. En apercevant Francis, Gilbert courut à son élève, les bras ouverts : Francis s'y précipita. — Je vous revois enfin, mon digne ami, s'écria le dernier : ah ! puissé-je n'avoir jamais quitté ce séjour de la paix, qui fut pour moi celui du bonheur ! Puis, posant un genou en terre devant mistress Hammond, il la pria de le bénir encore une fois. C'était une douce habitude qu'il avait contractée dans sa jeunesse. Le soir en se retirant, et le matin en abordant celle qu'il chérissait comme une mère, il demandait et recevait sa bénédiction. — Pardon, mon ami, dit Francis en se relevant et s'adressant au colonel, j'aurais dû commencer par vous présenter à M. et mistress Hammond ; mais, séparé d'eux depuis long-temps, en les voyant je n'ai pensé qu'à ma propre satisfaction. Le vicaire et son épouse accueillirent l'étranger avec beaucoup d'égards : l'ami de Francis avait des droits à leur estime. Le respectable couple se réjouit beaucoup en apprenant que Francis venait passer six semaines avec ses anciens amis. Il leur rendit compte du départ de sir Joseph. Le colonel était instruit des circonstances de la malheureuse affaire où le baronnet jouait un rôle odieux, ainsi le jeune homme parla franchement à son instituteur et à mistress Hammond, devant M. Devis. Gilbert fut plus affligé que surpris; il augurait mal d'un homme qui avait soigneusement évité de se faire connaître, même à celui à qui il confiait son fils. Excepté son nom, le vicaire n'avait aucune donnée sur sir Joseph. Depuis la mort de M. Wood-Head, personne ne lui avait parlé du baronnet. Souvent, avec sa femme, M. Hammond s'entretenait de la conduite mystérieuse du père de Francis, et toujours ils étaient d'accord pour penser défavorablement de celui qui croit nécessaire de cacher et sa demeure et ses actions. L'opinion de Francis était peu éloignée de la leur ; mais on conçoit qu'il ne dut jamais faire connaître ses véritables sentimens sur ce point. Cependant l'instituteur était sûr que son élève gémissait en silence de la conduite de son père.

Durant les premiers jours qui furent consacrés à la joie que M. Love-ring éprouvait en se retrouvant au milieu d'une famille dont-il avait fait long-temps partie, tout le monde s'empressait de lui témoigner une véritable satisfaction de le revoir, jusqu'à la vieille cuisinière Bridget, à qui il avait fait maintes niches dans son enfance. La tristesse habituelle de Francis sem-

blait s'être dissipée : le colonel en fit
la remarque en silence , et se réjouis-
sait d'un changement aussi heureux ;
mais bientôt son jeune ami redevint
soucieux et pensif. Pour le distraire ,
mistress Hammond lui parla de l'aimable fille qui l'intéressait. Francis
l'écouta avec assez d'indifférence. Le
vicaire ne vantait pas seulement les
charmes ravissans de la personne de
Cecilia, mais ne se lassait jamais de
faire l'éloge des qualités de son cœur
et de l'agrément de son esprit. Bridget,
plusieurs fois devant lui , donna des
regrets à la favorite de ses maîtres. —
Elle était si douce, si obligeante , disait la bonne femme : tout le temps
qu'elle a partagé mes travaux, je n'a-
vais presque rien à faire. — Laissez ,
laissez chère Bridget, me disait-elle :
vous n'êtes pas si jeune que moi ; il

est plus convenable que les occupa-
tions fatigantes me regardent seule.
Pauvre enfant! elle avait des peines,
des chagrins, qu'elle dévorait devant
monsieur et madame; mais dès qu'elle
se trouvait seule, elle ne cessait de
pleurer. Quand je la priais de me faire
part du sujet de sa douleur, elle répondait qu'une fille qui avait perdu ses
parens était destinée à souffrir toute sa
vie. La curiosité du colonel, excitée
vivement par des éloges si fort au-dessus
de ceux qu'on accorde ordinairement
à une domestique, étendit un jour ses
questions à mistress Hammond, relativement à ce phénix. — Ce mot, que
vous prononcez peut-être comme une
plaisanterie, dit l'épouse du vicaire,
convient parfaitement à Cécilia, je
vous assure. — Mais enfin, qui est ce
modèle de perfection? et comment,

rendant justice à toutes ses précieuses qualités, avez-vous pu vous en sépa- rer ? — Hélas ! elle a voulu partir. — Vous conviendrez du moins qu'elle vous a donné une preuve d'ingratitude. — Oh! n'ayez pas une pareille idée de Cécilia ; c'est la créature du monde la plus reconnaissante. Francis avait écou- té la conversation, et il fut de l'avis de son ami, surtout après que mistress Hammond leur eut raconté la manière dont cette jeune personne s'était pré- sentée à Green-Grove. — Je vois dans Cécilia, dit M. Devis, une aventu- rière adroite qui a cherché à captiver votre bienveillance. — Ce n'était pas par un motif d'intérêt du moins ; car elle n'a jamais voulu recevoir le plus léger cadeau. — Elle espérait sans doute vous séduire par une apparence de dé- sintéressement. — Vous pouvez la juger avec sévérité : vous ne la connaissez pas, reprit avec un peu d'impatience mistress Hammond ; mais si vous l'aviez vue, vous ne pourriez vous pardonner votre injustice. A peine âgée de vingt et un ans, Cécilia possède toute la raison de l'âge mûr. Brillante de tous les charmes de la jeunesse et de la beauté, personne ne s'est jamais moins occupée de ce qui plaît tant aux femmes de toutes les classes, la toilette. Une mise simple et modeste est ce qu'elle préfère. Paraissant ignorer que le Ciel lui a accordé tous les moyens de plaire, la timidité ne la quitte jamais : beaucoup d'instruction sans orgueil, plusieurs talens agréables dont elle ne parle pas, telle est l'aimable fille qui avait promis de passer sa vie près de nous, et que de fâcheuses circonstances ont forcé de s'éloigner de ceux qu'elle aime autant

qu'elle en est aimée. — En effet, dit
M. Lovering, il y a quelque chose de
fort extraordinaire dans cette aventure. Une femme, comme vous nous
peignez Cécilia, doit avoir reçu une
éducation distinguée, et cependant elle
s'est présentée ici pour y remplir le
triste emploi de fille de peine. — Ne
m'en voulez pas, mistress Hammond,
reprit le colonel, si je persiste à juger
défavorablement de votre protégée. —
A vous permis, monsieur, dit avec humeur l'épouse du vicaire ; mais, en
vérité, vous m'obligerez beaucoup en
évitant de nous entretenir sur un sujet
qui m'affecte plus que je ne puis l'exprimer. — Pardonnez à ma franchise,
madame, et soyez bien persuadée que
je suis incapable d'avoir eu la plus légère intention de vous faire de la peine.
— Je n'en doute nullement, dit-elle

en tendant sa main au colonel. — Me
pardonnez-vous aussi, chère maman ?
demanda Francis : j'ai partagé les torts
de Devis, et je m'en repens. — L'am-
nistie vous comprend tous les deux. A
compter de ce jour, mistress Hammond
évita de parler de Cécilia ; cependant
elle y pensait sans cesse.

FIN DU SECOND VOLUME.